INHALT

Nick Hanna

KRETA

KÖNEMANN

***	Besonders empfehlenswert
**	Empfehlenswert
*	Sehenswert

Originalausgabe 1996 erschienen bei New Holland (Publishers) Ltd

Originaltitel:
Globetrotter Travel Guide Crete

© 1996 für den Text: Nick Hanna
© 1996 für die Karten: Globetrotter Travel Maps
© 1996 für die Fotos: siehe Bildnachweise
© 1996 New Holland (Publishers) Ltd

© 1998 für die deutsche, überarbeitete Ausgabe
Könemann Verlagsgesellschaft mbH
Bonner Straße 126, D-50968 Köln

Umschlaggestaltungen: Peter Feierabend
Übersetzung aus dem Englischen: Inge Kahlix
Redaktion und Satz: W.A.S. Media Productions
Projektkoordination: Kristina Meier
Assistenz: Dorit Esser
Recherche: Astrid Roth
Herstellungsleiter: Detlev Schaper
Druck und Bindung: Sing Cheong Printing
Printed in Hong Kong/China
ISBN 3-89508-871-4

Bildachweise: Shirley Arnold: S. 22, 25, 26, 90, 92, 106; **Jill Birch**: S. 28, 103, 114; **Michael R. Chandler**: S. 12, 54, 94; **Paul Harcourt Davies**: S. 8, 9, 11, 115, 117; **Footprints**: S. 1, 15, 18, 19, 29, 30, 31, 35, 36, 37, 40, 47, 48, 55, 57, 62, 67, 69, 70, 72, 74, 75, 78, 79, 81, 86, 89, 107, 109, 110, 111, 113, 116; **Jeff Goodman**: S. 23; **Museum of Iráklion**: S. 14, 16, 17, 38, 39, 46, 58; **Andrew Linscott**: S. 68; **I. Meredith**: S. 96, 97, 118; **Stuart Morris**: S. 7, 32, 44; **Andreas Nicola**: S. 24, 50, 104, 108; **PictureBank Photo Library**: S. 4, 6, 20, 27, 53, 84, 100; **Valerie M. Whitchelo**: S. 10, 65, 73, 76.

1
Kreta stellt
sich vor

Die Griechen nennen Kreta *megáli nisí*, »die große Insel«. In der Tat ist es in vieler Hinsicht ein Land im Land, mit besonderem Charakter und ureigenen Traditionen.

Kreta hat alles, was ein ideales Ferienziel braucht: **Badeorte** auch für höchste Ansprüche, kilometerlange Strände, einen längeren Sommer als sonstwo in Europa und freundliche Tavernen, in denen man mit Blick auf das glitzernde Wasser der Ägäis unbeschwert den Tag ausklingen läßt.

Aber das allein macht Kreta nicht zu jenem besonderen Ort, der sich von allen anderen griechischen Inseln abhebt. Nirgendwo sonst findet man eine derartige **Vielfalt an Landschaftsformen:** mächtige Gebirgsmassive, fruchtbare Hochebenen, abgeschiedene Dörfer, versteckte Höhlen und Badebuchten. Im Frühjahr entfalten die Wildblumen auf den kargen Wiesen ihre prachtvollen Blüten, während ringsum auf den schroffen Berggipfeln noch der Schnee liegt.

Kreta gilt als **Wiege der europäischen Zivilisation.** Es ist das Land der Minoer, die Jahrhunderte vor dem Griechenland der Antike ihre Blütezeit erreichten. Zuerst lebten sie nur als Mythos, bis die Archäologen die historische Realität dieses fortschrittlichen und kultivierten Volkes ans Tageslicht beförderten. Die Ruinen ihrer prächtigen Paläste und zahllose hochentwickelte Kunstgegenstände zählen zu den Hauptattraktionen für die Besucher der Insel.

Als Tor zum östlichen Mittelmeerraum geriet Kreta nacheinander unter die Herrschaft der Griechen, Römer, Byzantiner, Venezianer und Türken. Jede Ära hinterließ ihre Spuren und hat an dem vielschichtigen historischen Gobelin gewebt, der nur darauf wartet, entziffert zu werden.

SEHENSWERTES

*** Knossós: der größte aller minoischen Paläste
*** Festós: nach Knossós bedeutendster minoischer Palast in schöner Lage
*** Iráklion: Archäologisches Museum, Aufarbeitung der Minoischen Kultur – Kunst und archäologische Fundstücke
*** Chaniá: venezianisches und türkisches Erbe in der Altstadt und rund um den Hafen
** Réthimnon: alter Hafen mit venezianischer Vergangenheit
** Samariá-Schlucht: längste Schlucht Europas, beliebtester Tagesausflug

Gegenüber: *Die Welt an sich vorüberziehen lassen: Die kretische Lebensart ist locker und entspannt.*

HÖCHSTE BERGE, LÄNGSTE FLÜSSE

Höchste Berge: Der **Ida** im Psilorítis-Massiv ist mit 2456 m Höhe der höchste Berg. Mit nur 3 m weniger ist der Páchnes (2453 m) in den Lefká Óri zweithöchster Gipfel Kretas.

Längster Fluß: Der **Geropótamos**, schlängelt sich etwa 45 km lang über die weite und fruchtbare Messará-Ebene und ergießt sich schließlich in das Libysche Meer.

Längste Schlucht: Samariá-Schlucht, die sich 18 km aus dem Herzen der Lefká Óri von 1200 m Höhe bis zum Meer an der Südküste hinunterwindet.

See: Einziger Süßwasser-See der Insel ist der **See von Kournás** im Hinterland von Georgioúpolis. Er hat eine Fläche von 65 ha.

DAS LAND

Durch seine langgezogene unverwechselbare Form und die geographische Lage im Mittelmeer unterscheidet sich Kreta von allen anderen Inseln dieser Region. Die Insel reicht über den 35. Breitengrad hinaus und liegt somit weiter südlich als der Westen der nordafrikanischen Küste. Damit ist Kreta der südlichste Punkt Europas.

Als größte griechische Insel mißt Kreta 250 km in der Länge und 60 km an der breitesten Stelle, verengt sich jedoch am Golf von Ierápetra im Osten auf 12 km. Mit einer Gesamtfläche von 8400 km^2 ist sie nach Sizilien, Sardinien, Korsika und Zypern die fünftgrößte Mittelmeerinsel.

Vier mächtige Gebirgszüge beherrschen das Landschaftsbild und erinnern im Querschnitt an einen gigantischen liegenden Keil, dessen Schneide nach Norden zeigt. Hier gleiten die kretischen Berge in hügligen Ausläufern sanft hinab und bilden große Küstenebenen, in denen alle bedeutsamen Städte und Dörfer – viele jahrhundertealt – wie Perlen an einer Reihe weitläufiger Buchten liegen. Immer noch ist die Nordküste der dichtbesiedelste und erschlossenste Teil der Insel. Im Süden enden die Berge (fast immer) in jähen Abstürzen im Meer, zwischen hohen Klippen entlang der windzerzausten Steilküste verstecken sich winzige Fischerdörfer mit einer Handvoll Einwohner. Die einzige größere Stadt auf dieser Seite der Insel ist Ierápetra.

Rechts: *Im Frühjahr erblüht eine üppige Wildblumenpracht vor der Kulisse schneebedeckter Berggipfel.*

Gebirge und Hochebenen

Kretas Gebirgszüge erstrecken sich als eine kaum unterbrochene Kette von einem Ende der Insel zum anderen. Im Westen bilden die **Lefká Óri** (Weißen Berge) ein imposantes Massiv, auf dessen Gipfeln selbst im Frühsommer oft noch Schnee liegt. In die hohen und steilen Gebirgshänge im Süden haben die Bergbäche gewaltige Einschnitte durch den Kalkstein gegraben (am bekanntesten sind die **Samariá-** und die **Ímbros-Schlucht**). Die Mitte der Insel wird vom **Ida-Gebirge** (auch als Psilorítis bekannt) mit dem höchsten Gipfel der Insel geprägt, auch »das Dach von Kreta« genannt. Im Osten umrahmen die **Díkti-Berge** die **Hochebene von Lassíthi**, die höchsten sind der Díkti mit 2148 m und sein Nachbar **Aféndis Christós** mit 2141 m. Weiter östlich schiebt sich das **Sitía-Massiv** wie ein Riegel vor das Ostende der Insel, obwohl seine Gipfel mit dem **Aféndis Kavoússi** nur eine recht bescheidene Höhe von 1476 m erreichen.

Eine Eigentümlichkeit der kretischen Geographie sind die vielen Hochebenen, die sich überall in den Gebirgsregionen ausbreiten. Die größten dieser hochgelegenen Plateaus sind die Lassíthi-Hochebene, die **Nída-Hochebene** (unterhalb des Psilorítis-Gipfels) und die **Omalós-Hochebene** (in den Weißen Bergen). Im Lauf der Zeit sammelte sich die von den Hängen hinuntergespülte Erde in diesen runden, durch die hohen Felswände ringsum gut abgeschirmten Senken und verwandelte sie in fruchtbares Ackerland. Wenn man im Frühsommer auf dem Weg durch das Gebirge über karge Paßhöhen reist, bietet der Ausblick auf das Grün einer dieser Hochebenen immer wieder einen faszinierenden Kontrast. Wenn Sie sich entscheiden sollten, ein Auto zu mieten, müssen Sie wissen, daß die griechischen Autofahrer oft die Spur nicht halten. Sie fahren gern in der Mitte der Straße. Bei engen Gebirgsstraßen kann dies zum Verhängnis werden.

GEOLOGISCHES FUNDAMENT

Die Insel Kreta liegt nur 300 km von der afrikanischen Küste entfernt und markiert die südliche Grenze des ägäischen Beckens. Geologisch ist sie Teil einer gewaltigen **Inselkette**, die sich vom griechischen Festland über Peloponnes und Dodekanes bis zur Türkei im Osten erstreckt. Im **Tertiär** wurden die kretischen Berge aufgeworfen, sie bestehen überwiegend aus kristallinem Kalk, Schiefer und anderem Gestein, das sich noch weitere 140 Mio. Jahre in das Erdzeitalter der **Trias** zurückdatieren läßt. Die tiefergelegenen Regionen der Insel mit ihren Kalk-, Schiefer-, Sand-, und Lehmablagerungen entstanden einige Zeit nach Bildung der Gebirge.

Unten: *Die Lassíthi-Hochebene in Ostkreta ist von den Díkti-Bergen umgeben.*

Rechts: *Ein Blütenmeer von zweifarbigen Wucherblumen an der Küste bei Chaniá. Im Hintergrund lädt das tiefblaue Mittelmeer zum Baden ein.*

Das Klima

Kreta hat ein typisch **mediterranes Klima**; bedingt durch die südliche Lage dauert der heiße trockene Sommer allerdings viel länger als anderswo in Griechenland. Es gibt keine großen Unterschiede zwischen den Badeorten an den beiden entgegengesetzten Enden der Insel. Auch wenn es an der Südküste im allgemeinen heißer ist als an der Nordküste, kann man auf jeden Fall von April bis September oder Oktober an der Nordküste noch baden, an der Südküste sogar bis Oktober oder November.

Der **Frühling** beginnt im März mit dem Ende der winterlichen Niederschläge. In den Monaten April und Mai blühen überall auf der Insel die Wildblumen. Dies ist eine ideale Reisezeit: es gibt noch nicht viele Touristen, die Hoteliers freuen sich auf den Saisonbeginn, und warme, klare Tage laden zum Entdecken der Insel ein.

Im Juni ist dann schon **Sommer**; später im Juli und August steigen die Temperaturen und Besucherscharen weiter an. Obwohl dies die heißesten Monate sind, und Sie möglicherweise den größten Teil des Tages ein schattiges Plätzchen bevorzugen werden, ist die Luftfeuchtigkeit niedrig und Nachmittag und Abend sind wunderschön.

Zu Beginn des **Herbstes** zeigt sich die Insel ausgedörrt und staubig, und die Landschaft ist überwiegend karg. Im September kehren viele Touristen heim, die Abende werden kühler, und erste kurze Regenschauer vertreiben die Sonnenanbeter von den Stränden. Ab Oktober herrscht zumeist mildes, sonniges Wetter, es regnet jedoch öfter,

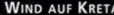

manchmal auch tagelang. Das Meer wird rauher, und die meisten Ausflugsboote liegen festvertäut im Hafen.

Im Winter verlassen die letzten Touristen die Insel, Hotels und Tavernen schließen, und die Regenfälle nehmen zu. Die Übriggebliebenen zieht es jetzt an die Südküste. Dort bietet die Gegend um Ierápetra noch die meiste Wärme. Wenn es schneit, liegt der Schnee so hoch, daß man Skifahren kann. Manch einsames Bergdorf wird in diesen Zeiten von der Außenwelt abgeschnitten.

Pflanzenwelt

Auch wenn es so gut wie keine ursprünglichen Wälder mehr gibt, erfreut sich Kreta eines außerordentlichen **Pflanzenreichtums**. Dies verdankt die Insel größtenteils dem Klima und der Nähe zu den Tropen, in denen die Artenvielfalt weitaus größer ist als in gemäßigten Zonen. Tatsächlich hat Kreta über 1500 verschiedene Pflanzenarten, 130 davon sind endemisch, das heißt, sie kommen nur auf Kreta vor. Die meisten findet man in den Bergregionen.

Einer der charakteristischsten Standorte – im Frühling mit einem Teppich aus Wildblumen bedeckt – ist die Phrygana: dieser felsige, mit kugeligen Büschen und Sträuchern bedeckte Boden entspricht der Garigue im westlichen Mittelmeer und ist das Ergebnis der andauernden **Überweidung** durch Ziegen und Schafe. Im Schutz dieser niedrigen (und gewöhnlich dornigen) Büsche wachsen aromatische Kräuter wie Salbei, Rosmarin, Thymian und Oregano, dazwischen stehen blühende Pflanzen wie die Wild-Hyazinthe, die Schwertlilie, der kretische Osterluzei, die Schachblume und der hübsche kretische Ebenus (Ebenus cretica). Auch Orchideen gedeihen gut in der Phrygana, es gibt ein halbes Dutzend und mehr Arten (einschließlich der einheimischen kretischen Ragwurz – eine Ophrys-Art), die im Frühjahr lebhafte Farbakzente setzen.

Oft findet man **Orchideen** auch auf dem Weideland hinter den Stränden, während an anderen Küstengebieten leuchtend gelber Hornmohn oder funkelndes rosa Leimkraut (Silene colorata) wachsen. Im Herbst blühen Pflanzen wie die hohe Meerzwiebel mit ihrer dichten Ähre weißer Blüten, Meeres-Narzisse und Herbstkrokus.

Unten: *Dank seiner südlichen Lage besitzt Kreta eine reiche Pflanzenwelt, darunter die spitz aufragende kretische Drachenwurz, gesehen auf der Akrotíri-Halbinsel.*

Zwischen März und Juni verwandeln sich Wiesen und Obstgärten in ein Farbenmeer aus Tulpen, Klatschmohn, Flachs, blauen und violetten Wicken, Chrysanthemen und wilden Gladiolen. In den Bergen gedeihen einige von Kretas seltensten Arten. Im späten Frühling und Frühsommer findet man auf felsigem Grund aber auch bekanntere Pflanzen wie Steinkraut, Blaukissen und Steinbrech. Alpenveilchen, Veilchen, Nelken und Enzian wachsen in schattigen Schluchten, ebenso etliche Orchideenarten. Sobald im Frühling der Schnee schmilzt, tauchen in höheren Lagen verschiedene Krokusarten auf (darunter die hübsche Crocus sieberi).

Säugetiere und Vögel

Außer den allgegenwärtigen Schafen, Ziegen, Eseln und anderen Haustieren bietet Kreta wenig an Tierwelt. Ausnahmen bilden die Wildziegen und die gleichermaßen scheue Kreta-Stachelmaus. Es gibt ein paar Schlangenarten und Frösche. Kreta gehört zu den wenigen Orten in Europa und ist in Griechenland der einzige Ort, wo man auf ein Chamäleon treffen könnte. Meeresschildkröten (Caretta caretta) legen ihre Eier auf den Stränden westlich von Chaniá und in der Gegend um Mátala und Réthimnon.

Rechts: *Überall auf der Insel ein vertrauter Anblick: in einem Olivenhain angebundene Mutterziege.*

Vielleicht entdecken Sie auf einem sonnigen Felsen oder einer Mauer auch eine kleine einheimische Eidechse, bekannt als **Ägäische Mauereidechse**. Sehen Sie einen hellgrünen Blitz in den stacheligen Büschen der Phrygana, handelt es sich wohl um eine Riesensmaragdeidechse. **Geckos** machen sich nützlich, indem sie Mücken und andere Insekten in den Häusern vertilgen.

Der Mangel an wildlebenden Säugetieren auf der Insel wird ausgeglichen durch die überraschende **Vielfalt an Vögeln**. Auf Kreta kann man wunderbar Zugvögel beobachten, die in Afrika überwintert haben und zwischen März und Mai auf ihrem Weg zu den Sommer-Brutstätten in Nordeuropa einen Zwischenstopp im östlichen Mittelmeerraum einlegen. Im Herbst sieht man sie dann auf dem Rückweg.

In den Bergen fühlen sich seltene und interessante Arten besonders wohl, darunter die Alpendohle, die Alpenbraunelle, die Blaumerle, der Mauersegler, die Felsschwalbe und die Brillengrasmücke. Felsklippen bieten sich als Nistplätze für imposante Greifvögel an wie den Wanderfalken, den Stein- und Habichtsadler und den Geier – darunter der Gänsegeier und der seltene Lämmergeier mit einer Flügelspannweite von bis zu drei Metern. Weiter unten in hügeligem Gelände sieht man Ammern, Steinhühner und den eindrucksvoll goldgefiederten Pirol. Im Küstengebiet entdeckt man vielleicht Samtkopfgrasmücken oder Maskengrasmücken, Zaunammern und sogar Eleonorenfalken. Überall in der Nähe eines Hafens fühlt sich die gelbfüßige Silbermöwe zu Hause.

WASSERVÖGEL

Aufgrund des heißen Klimas besitzt Kreta nur wenige bedeutende Feuchtgebiete. Es gibt jedoch etliche kleine **Sumpf-Enklaven** und **Flußmündungen**, wo man im Frühling und Frühsommer gut Zugvögel beobachten kann. Watvögel wie Reiher, Silberreiher, Sandregenpfeifer, Säbelschnäbler und Stelzenläufer sieht man oft in diesen Regionen, häufig auch Sumpfweihen. Die meisten Feucht-Habitate liegen an der Nordküste, besonders in der Gegend um den **Kournás-See**, der Flußmündung in **Georgioúpolis** und hinter dem Strand von **Almirós** in der Nähe von **Ágios Nikólaos**.

MINOISCHER ZEITPLAN

Der Mann, der Knossós entdeckte und die Mythen leben-
dig werden ließ, hieß **Sir
Arthur Evans** (S. 46–47). Er
war es, der diese großartige
Kultur nach dem legendären
König Minos die „minoische"
nannte. Außerdem entwickelte er einen Datierungsschlüs-
sel zur Einordnung der verschiedenen Perioden. Dieser
ist aber so kompliziert (mit
Feineinteilungen, die auf den
verschiedenen Terracotta-
Stilrichtungen basieren), daß
er eigentlich nur von Archäologen verstanden werden
kann. Evans Grobeinteilung:
Frühe Minoische Epoche
(EM = Early Minoan),
Mittlere Minoische Epoche
(MM = Middle Minoan), und
Späte Minoische Epoche
(LM = Late Minoan). Eine ver-
einfachte Chronologie liest
sich folgendermaßen:
• **Vor-Palastzeit** 3000–1900
v. Chr.: EM–MM I
• **Ältere Palastzeit**
900–1700 v. Chr.:
Protopalatikum MM I–MM II
• **Jüngere Palastzeit**
1700–1450 v. Chr.:
Neopalatikum MM III–LM I
• **Nach-Palastzeit**
1450–1100 v. Chr.: LM
II–LM III

GESCHICHTLICHER ÜBERBLICK

Um 6000 v. Chr. kamen die ersten Siedler nach Kreta, vermutlich aus Kleinasien oder Afrika. Sie brachten die elemen-
taren Errungenschaften der **Steinzeit-Kultur** mit und fertigten einfache Handwerksgeräte und rohe Töpferwaren an.
Sie lebten halbnomadisch und wohnten zumeist in Höhlen.
Im Lauf der Zeit begannen sie, den Boden zu bewirtschaften, bauten Häuser und stellten kunstvollere Töpfereien her
– darunter kleine Figuren, Tiernachbildungen und Bildnisse
ihrer Fruchtbarkeitsgöttin. Die ersten Siedlungen lagen in
Zentral- und Ostkreta, im Lauf der Jahrhunderte verbreite-
ten sie sich über die ganze Insel.

DIE BRONZEZEIT
Vor-Palastzeit (3000–1900 v. Chr.)
Zwischen 3000 und 2500 v. Chr. zeichneten sich auf Kreta
bedeutende Veränderungen ab. Diese können nur durch eine neue **Einwanderungswelle** aus Kleinasien, wo schon
frühe Hochkulturen existierten, ausgelöst worden sein. So
gelangten die Techniken der Kupferbearbeitung, des We-
bens und eines hochentwickelten Töpferhandwerks auf die
Insel. Städte und Dörfer schossen aus dem Boden und gedie-
hen, und die ersten Grabanlagen wurden gebaut. Oliven
und Wein wurden angebaut, und durch den Handel eröff-
neten sich neue Wege zu anderen Ländern.

Diese Entwicklung führte zum Entstehen der **minoischen Hochkultur**. In den folgenden 1200 Jahren erbauten
die Minoer prachtvolle Paläste und festigten ihre Machtposi-

Rechts: *Der Thronsaal des
Palastes in Knossós. Den
steinernen Thron umrahmen
Alabasterbänke, die Wände
schmücken Fresken von
Fabelwesen (sog. Greifen).*

tion über den größten Teil des östlichen Mittelmeerraumes. Ihre Macht verdankten sie zum Teil der strategisch günstigen Lage Kretas an der Nahtstelle zwischen Ost und West. Es war die erste wirklich große Zivilisation in Europa, und auch heute noch üben die Zeugnisse ihrer hochentwickelten Kultur eine große Faszination aus.

Ältere Palastzeit (1900–1700 v. Chr.)

Die Minoer entwickelten ein durchstrukturiertes Klassensystem mit strengen Hierarchien und einer Sklavenklasse. Wahrscheinlich sind es auch Sklaven gewesen, die die ersten großen **Paläste** in **Knossós**, **Festós** und **Mália** erbauten. Die Minoer festigten ihre Herrschaft immer weiter. Und so führten Sicherheit und Wohlstand auf der Insel zum Entstehen ausgedehnter Städte ringsum die Paläste.

Die Entwicklung der Töpferei machte bedeutende Fortschritte: So wurde die hauchdünne Kamáres-Keramik bald auf Töpferscheiben geformt. Kunstschmiede fertigten Werkzeuge, Dolche und andere Waffen an; Schmuck entwickelte sich zur eigenen Kunstrichtung – Filigranarbeiten und dekorative Muster zieren einige der schönsten Stücke aus dieser

DIE GEHEIMNISVOLLE SCHRIFT

Gegen Ende der Älteren Palastzeit entwickelten die Minoer eine Silbenschrift, die als **Linear-A-Schrift** bezeichnet wird. Obwohl sie in erster Linie zu Verwaltungszwecken (z.B. Palast-Abrechnungen) auf Tonplatten geschrieben wurde, fand man sie auch auf Töpferwaren, Opferaltaren und Schmuck. Die Linear-A-Schrift wurde niemals ganz entziffert – im Gegensatz zu ihrer Nachfolgerin, der **Linear-B-Schrift**. Im Jahr 1953 gelang es dem Engländer Michael Ventris, sie zu entschlüsseln. Leider berichten uns die Linear-B-Niederschriften wenig über das minoische Leben, wir wissen jetzt nur, daß die Minoer gern Listen und Bestandsaufnahmen anfertigten.

Unten: *Zeremonielles Kultgefäß oder* rython *in Form eines Stierkopfes aus dem Palast von Knossós.*

Epoche. Siegel, die in großem Umfang im Handel benutzt wurden, entstanden in immer komplizierteren Formen.

Außerdem rückte das religiöse Leben weiter in den Mittelpunkt der minoischen Gesellschaft. Das hat die Entstehung der Kuppelgräber gezeigt. Man begann, die Toten in großen Tongefäßen (*pithoi*) und Tonsarkophagen zu bestatten.

Um 1700 v. Chr. wurden alle älteren Paläste sowie die Städte vollkommen zerstört – möglicherweise durch ein gewaltiges Erdbeben.

Jüngere Palastzeit (1700–1450 v. Chr.)

Ungeachtet der Katastrophe bauten die Minoer ihre Paläste wieder auf – diesmal prächtiger als je zuvor. Die neuen Paläste waren ausgeklügelte architektonische Konstruktionen mit mehreren Stockwerken, großartigen Treppenanlagen im Innern, Säulenhallen und Höfen, gutfunktionierenden Sanitäranlagen, Werkstätten für Kunsthandwerker und weitläufigen Theateranlagen für Riten und Feste. Die Wände zierten wunderschön gemalte Fresken; gewaltige Magazine wurden für unzählige riesige Vorratskrüge reserviert. Dies alles zeugte vom Wohlstand der Bewohner.

Rings um die Paläste baute man Städte und Landhäuser wieder auf, und der **Handel** florierte. Die Minoer unterhielten enge Verbindungen mit den anderen Regionen des Mittelmeerraumes und besaßen sogar einige Kolonien. Offensichtlich lebten sie ohne Angst vor Angriffen von außen oder auch von innen: Keine der Palastruinen zeigt Spuren einer Verteidigungsanlage. Historiker interpretieren dies als Zeichen dafür, daß die Minoer sich sowohl auf ihre mächtige Flotte als auch auf den Beistand ihrer Handelskolonien in den Kykladen verlassen konnten.

Mittelpunkt des religiösen Lebens bildeten die Paläste. Zu den religiösen Riten gehörte das berühmte Stierspringen; wahrscheinlich fand es in den Theateranlagen statt.

Es war auch das goldene Zeitalter künstlerischen Schaffens. Davon künden die farbenprächtigen, lebensnahen Fresken an den Palastwänden. Kunsthandwerker übertrafen sich gegenseitig bei der Herstellung von Steinmetzarbeiten, Goldschmuck und dekorativen Töpferwaren. Auch Skulpturen von Tieren, Göttern und Menschen waren sehr beliebt.

Untergang und Verfall

Zweihundertfünfzig Jahre nach dem Neubau der Paläste wurden diese erneut durch eine verheerende Katastrophe zerstört, über deren Ursache man sich immer noch nicht sicher ist. Eine überholte Theorie behauptet, daß sie mit der Explosion der Vulkaninsel Santorini – nur 150 km weiter nördlich – in Verbindung steht.

Heute läßt sich der Zeitpunkt des Vulkanausbruchs von Santorini jedoch mit größerer Genauigkeit bestimmen. Er hat sich mit Sicherheit bereits fünfzig Jahre vor der Zerstörung Kretas ereignet. Nun glauben manche Archäologen, daß die minoische Zivilisation in Wirklichkeit von Eindringlingen zerstört wurde – höchstwahrscheinlich durch eine Invasion von Mykenern. Gestützt wird diese Theorie durch das Auftauchen der **Linear-B-Schrift** (eine frühe Form des Griechischen) vor dem Ende der Jüngeren Palastzeit; ein möglicher Hinweis darauf, daß die Mykener damals bereits über die Minoer herrschten. Warum sie allerdings Palastanlagen zerstört haben sollen, die sie bereits kontrollierten, bleibt ein Rätsel.

Nach-Palastzeit (1450–1100 v. Chr.)

Die Mykener hatten Kreta nun fest im Griff, bauten Knossós wieder auf (dieser Palast hatte unter der Zerstörung weniger gelitten als die anderen) und regierten die Insel von dort. Einige Paläste wie Gourniá, Agía Triáda und Tílissos wurden neu errichtet und besiedelt, die anderen blieben Ruinen. Die Stadt **Kydonía** (unter dem heutigen **Chaniá** gelegen) blühte auf. In anderen Küstenregionen wurden Siedlungen aufgegeben, deren Bewohner ins Landesinnere umzogen. Die minoische Kunst jedoch gedieh weiterhin prächtig, das sieht man besonders an der Gestaltung der Larnakes (Sarkophage).

Vom Balkan aus fielen die Dorer in Zentralgriechenland ein, besiegten die Mykener und erreichten um 1100 Kreta, wo sie auslöschten, was von der Zivilisation übrig war.

Unten: *Gewaltige Vorratskrüge, sogenannte* pithoí *wurden von den Minoern für die Lagerung von Öl und Wein genutzt.*

Unten: Dieses Gefäß aus Palékastro steht heute im Museum von Iráklion und stammt aus dem 15. Jh. v. Chr. Das Oktopus-Motiv ist ein minoisches Dekor.

Mythologie

In den antiken Mythen spielt Kreta eine entscheidende Rolle. Man glaubte, daß der Göttervater **Zeus** hier geboren und aufgezogen wurde. Seine ersten Eskapaden bilden die Eckpfeiler der griechischen Mythologie. Eine weitere zentrale Gestalt in der Geschichte der griechischen Götter ist Zeus' **Sohn Minos**.

Göttervater

Am Anfang gebar **Gaia** (Mutter Erde) **Uranos** (den Himmel), **Pontos** (das Meer) und **Ourea** (die Berge). Gaia vermählte sich mit Uranos – der zum Weltenherrscher wurde. Aus dieser Verbindung gingen die Titanen hervor. Der jüngste, **Kronos**, besiegte Uranos und heiratete seine eigene Schwester **Rhea**, mit der er viele Nachkommen zeugte. Aus Angst, dasselbe Schicksal wie sein Vater zu erleiden, verschlang er alle fünf Kinder. Als Rhea das entdeckte, versteckte sie ihren Sohn **Zeus** und überlistete Kronos, indem sie ihm anstelle des Sohnes einen in eine Windel verpackten Stein zu essen gab. Zeus wurde darauf heimlich in die Berge zur **Díkti-Höhle** gebracht (S. 71). Als er zum Mann herangereift war, flößte er Kronos heimlich ein Brechmittel ein, so daß dieser seine Geschwister erbrach (als Götter hatten sie in seinem Bauch überlebt). Zeus verbündete sich mit ihnen und kämpfte gegen Kronos und die Titanen. Nach einem kriegerischen Jahrzehnt wurde Zeus Herrscher der Götter und regierte vom Berg Olymp aus. Kronos hingegen wurde in die Unterwelt verbannt. Eines Tages erblickte Zeus die wunderschöne Prinzessin **Europa**, wie sie gerade an einem fernen Strand Blumen pflückte. Er erschien ihr in Gestalt eines Stieres und trug sie auf seinem Rücken über das Meer nach Kreta. Dort ging er in **Mátala** an Land und zog weiter mit ihr nach **Górtys**. Europa schenkte ihm drei Söhne, Sarpedon, Radamanthis und – **Minos**.

Minos und der Minotaurus

Europa heiratete den Kreterkönig Asterios, der ihre drei Kinder adoptierte. Nach dessen Tod wetteiferten Minos und Sarpedon um den Thron. Minos bat Poseidon um Hilfe – als Beweis seiner Gottheit soll dieser einen weißen Stier aus dem Meer emporsteigen lassen haben. Er versprach Poseidon, zum Dank den Stier zu opfern. Als dieser aber auftaucht – und damit Minos Anspruch auf den Thron bestätigte – war er so schön, daß Minos ihn unter seiner Herde versteckte. Zur Strafe ließ Poseidon Minos' Gattin **Pasiphae** in Liebe zum weißen Stier entbrennen. Der Sproß ihrer Verbindung war **Minotaurus** – ein menschliches Wesen mit Stierkopf. Außer sich vor Wut befahl Minos dem Erfinder **Dädalus** den Bau eines Labyrinthes, in das er den Minotaurus einsperrte.

In der Zwischenzeit war Minos in einen Krieg mit Athen verwickelt, den er gewann. Zur Strafe forderte er von den Athenern einen jährlichen Tribut von sieben Jünglingen und sieben Jungfrauen als Opfer für den Minotaurus. **Theseus**, Sohn des Königs von Athen, beschloß, diesem Joch ein Ende zu bereiten. Bei der dritten Fahrt ging er mit an Bord des Schiffes und mischte sich unter die auserwählten Opfer. **Ariadne**, Tochter des Minos, verliebte sich in Theseus, als er in Kreta landete und verbündete sich mit ihm, um den Minotaurus zu töten. Auf den Rat von Dädalus hin gab sie ihm ein Wollknäuel, mit dessen Hilfe er nach vollbrachter Tat den Weg aus dem Labyrinth finden sollte. Der Plan funktionierte, und dem Liebespaar gelang die Flucht von der Insel.

Als Minos den Verrat entdeckte, ließ er Dädalus und dessen Sohn **Ikaros** in das Labyrinth sperren. Die beiden flohen und bauten sich Flügel aus Vogelfedern, die sie mit Wachs zusammenklebten. Dädalus erreichte sicher Sizilien, Ikaros dagegen kam bekanntlich auf seinem Flug der Sonne zu nahe. Minos ließ bei der Verfolgung des Dädalus sein Leben und wurde in die Unterwelt verbannt.

DER MINOTAURUS IN KNOSSÓS

Der Legende nach lag das **Labyrinth** des Dädalus, das er als Gefängnis für den Minotaurus baute, in Knossós. Es war ein massives Bauwerk mit unzähligen Räumen, Irrwegen und Winkeln. Könnte es der Palast von Knossós gewesen sein? Hielt König Minos seine Untertanen in Schach, indem er ihnen mit dem gefangenen **Minotaurus** drohte?

Unten: *Ausschnitt eines der prachtvollen Fresken des Palastes von Knossós aus dem 16. Jh. v. Chr. Dieser elegante junge Mann mit dem Federschmuck wurde von Arthur Evans als Lilienprinz bezeichnet.*

Gegenüber: *Nur die Apsis blieb von der Kirche Ágios Títos in Górtys aus dem 6. Jh. stehen, damals ein bedeutendes Zentrum des Frühchristentums auf der Insel.*

KRETA UNTER FREMDER HERRSCHAFT
Von der Eisenzeit bis zur byzantinischen Epoche

Als sich die Dorer auf Kreta ausbreiteten, floh ein Teil der Inselbewohner in abgelegene Bergdörfer; dort hielt man an manchen minoischen Traditionen fest. Diese Menschen gingen als **Eteokreten** oder »**echte Kreter**« in die Geschichte ein. Die Dorer führten Werkzeuge aus Eisen anstelle von Bronzewerkzeug ein und lagen fast ununterbrochen miteinander im Krieg. Jegliche Entwicklung stagnierte, und Kreta versank als nur mehr eine Provinz unter der Herrschaft Athens in Bedeutungslosigkeit. Aus dieser Periode blieb als herausragendes Zeugnis nur die berühmte **Inschrift von Górtys** (S. 59), das erste geschriebene Stadtrecht des antiken Europa.

Um die Mitte des 2. Jh. v. Chr. unterstand der größte Teil Kretas römischer Herrschaft. Im Jahr 71 v. Chr. begannen die Römer einen wenig erfolgreichen Feldzug gegen Kreta und fielen zwei Jahre später unter Quintus Metellus erneut ein. Es dauerte jedoch noch weitere drei Jahre, bis die Insel vollkommen unterworfen war. Kreta wurde Teil einer römischen Provinz, die bis in die nordafrikanische Cyrenaica reichte, und **Górtys** wurde zu einer mächtigen Hauptstadt ausgebaut.

Unten: *Nachdem sie Kreta erobert hatten, machten die Römer Górtys zur Hauptstadt; hier eine von vielen dort gefundenen Statuen.*

Einige friedliche und fruchtbare Jahrhunderte folgten. In dieser Zeit überzogen die Römer Kreta mit einem Straßennetz, bauten Aquädukte und Bewässerungsanlagen. Das **Christentum** hielt im Jahr 59 n. Chr. seinen Einzug, nachdem der Apostel Paulus an der Südküste gelandet war. In seiner Begleitung befand sich **Titus**, der erste Bischof von Kreta.

Nach der Teilung des Römischen Imperiums im Jahr 395 gehörte Kreta zum Byzantinischen Reich mit der neuen bedeutenden Hauptstadt Konstantinopel (heute Istanbul). Das Christentum breitete sich weiter aus, auf der Insel wurden fast siebzig Kirchen erbaut – am besten erhalten ist die Basilika **Ágios Títos** in Górtys.

Arabische Eroberung

Der Zerfall des Römischen Reiches seit dem 7. Jh. führte zu Umwälzungen innerhalb des gesamten Mittelmeerraumes.

Im Jahr 824 n. Chr. fiel Kreta einer Bande arabischer Abenteurer zum Opfer. Die Städte und Kirchen wurden zerstört, und hundert Jahre lang war die Insel ein Piratennest, von dem die Araber Handelsschiffe und Inseln angriffen.

Zweite byzantinische Periode

Schließlich wurde Kreta von dem byzantinischen Feldherrn Nikephóros Phokás zurückerobert. Aus Konstantinopel und dem griechischen Festland brachte man viele Siedler nach Kreta, und allmählich erholte sich die Insel. Zwölf adlige Familien wurden in die Kolonie entsandt, um die byzantinische Herrschaft zu festigen.

Die venezianische Epoche

Im Jahr 1204 wurde Konstantinopel im Rahmen des vierten Kreuzzugs erobert. Das bedeutete das Ende des Byzantinischen Reiches. Kreta verschacherte man im Tausch gegen Saloniki an die **Venezianer**. Bevor diese jedoch die Macht übernehmen konnten, setzten sich die rivalisierenden **Genueser** auf der Insel fest. Weitere fünf Jahre vergingen, bis es den Venezianern gelang, sie zu vertreiben. Unter der Herrschaft Venedigs wurden Kretas Wälder und Böden gnadenlos ausgebeutet; die Inselbewohner litten unter überhöhten Steuern und Repressalien. Orthodoxe Kirchen wurden geschlossen und Priester verbannt. In den folgenden zehn Jahren kam es zu zehn Erhebungen gegen die venezianische Herrschaft. Die Venezianer errichteten im Gegenzug eine Reihe von Festungen und Verteidigungsanlagen.

Türkische Besatzung

Seit dem 15. Jh. kämpfen die **Türken** gegen die venezianische Vorherrschaft. Im Jahr 1645 griffen die ottomanischen Heere die Insel an und eroberten sie. Nur **Iráklion** hielt sich und widerstand 21 Jahre lang. Während der nächsten zwei Jahrhunderte mußte Kreta die türkische Herrschaft erdulden. Ganze Dörfer wurden gezwungen, dem Islam beizutreten. Allerdings blieben viele Menschen weiterhin dem christlichen Glauben treu. Andere Inselbewohner flohen in die Berge und erhoben sich von dort aus gegen die Türken. 1821 entbrannte der **Unabhängigkeitskampf** der Griechen gegen die Türken, mit Hilfe ägyptischer Truppen wurde er zerschlagen. Auch die Intervention der europäischen Mächte erwies sich als wirkungslos, und während Griechenland 1832 unabhängig wurde, blieb Kreta in den Händen der Ägypter und fiel dann wieder an die Türken.

Rechts: *Direkt am malerischen Hafen von Chaniá erhebt sich die ehemalige Janitscharen-Moschee, das älteste ottomanische Bauwerk auf der Insel. Die Moschee wurde 1645 zu Beginn der türkischen Besatzung erbaut.*

Als im Jahr 1898 siebzehn englische Soldaten bei einem Feuergefecht in Iráklion starben, zwangen die Großmächte die Türken, die Insel zu verlassen.

Union mit Griechenland

Obwohl Kreta nun Autonomie besaß, forderten die meisten Kreter den Anschluß an das Festland. Zum Wortführer wurde **Eleftheríos Venizélos**, der im Jahr 1905 einen Putsch anführte. Nach seiner Wahl zum griechischen Premierminister betrieb er weiter Kretas Wiedervereinigung mit Griechenland, die am 30. Mai 1913 besiegelt wurde.

Zweiter Weltkrieg und die Zeit danach

Als die Deutschen 1941 das griechische Festland einnahmen, zogen sich die griechische Regierung, das Heer und der größte Teil der Alliierten Truppen nach Kreta zurück. Am 21. Mai begann die Invasion der Deutschen. Trotz schwerer Verluste gelang es ihnen, den Luftraum über Máleme zu erobern und Truppen und Ausrüstung in so großem Umfang abzuwerfen, daß die Alliierten in die Flucht geschlagen wurden. Nach einer Woche war die Schlacht um Kreta entschieden. Die Alliierten setzten sich an die Südküste ab.

Den ganzen Krieg hindurch leisteten die Kreter der deutschen Besatzung erbitterten **Widerstand** und halfen mit heldenhaftem Einsatz den zurückgebliebenen Resten der Alliierten Truppen bei der Flucht. Die Deutschen beantworteten die kretischen Guerilla-Aktionen mit schrecklichen Vergeltungsmaßnahmen, ganze Dörfer wurden ausgelöscht. Als sich die Deutschen im Jahr 1945 endlich zurückzogen, hinterließen sie eine verwüstete Insel mit zerschlagener Wirtschaft, entvölkerten Dörfern und verbrannten Städten.

Rasch bauten die Kreter ihre Wirtschaft wieder auf, deren Grundlagen Landwirtschaft und später der Tourismus bildeten. Die Politik war weiterhin bestimmt vom uralten Mißtrauen der Kreter gegenüber allem, was von außen kam – das galt auch für die Regierung in Athen. In jüngster Zeit erfolgte Verwaltungsreformen führten zu einer leichten Entschärfung, aber noch immer ist die NATO, die einige große Basen auf der Insel unterhält, Ziel feindseliger Aktionen.

DIE ENTFÜHRUNG DES GENERAL KREIPE

Eine der verwegensten Aktionen der kretischen Widerstandsbewegung stellte im Jahr 1944 die Entführung des deutschen Befehlshabers General Kreipe dar. Vom Schauplatz der Tat südlich von Iráklion schmuggelte man ihn an 22 deutschen Posten vorbei quer über die Insel und dann per Schiff nach Ägypten. In seinem Buch *Ill met by Moonlight* (überall auf Kreta nur in englischer Sprache erhältlich) beschreibt Stanley Moss, ein an der Entführung beteiligter britischer Offizier, dieses waghalsige Unternehmen. Der Entführung folgte jedoch bald die Vergeltung der Deutschen.

DIE PRÄFEKTUREN

Kreta ist in vier Präfekturen
eingeteilt, sog. *nomi:*
• **Chaniá:** Gesamteinwohner
126 000, Hauptstadt Chaniá
mit 62 000 Einwohnern
• **Réthimnon:**
Gesamteinwohner 62 000,
Hauptstadt Réthimnon mit
20 000 Einwohnern
• **Iráklion:**
Gesamteinwohner 244 000,
Hauptstadt Iráklion mit
1 10 000 Einwohnern
• **Lassíthi:**
Gesamteinwohner 70 000,
Hauptstadt Ágios Nikólaos
8500 Einwohner

STAAT UND WIRTSCHAFT

Kreta ist einer der zehn Regierungsbezirke Griechenlands und entsendet z. Z. 15 Parlamentsabgeordnete nach Athen. Die politische Kultur Kretas wird überschattet von der langen Geschichte des Unabhängigkeitskampfes – weiterhin mißtrauen die Kreter jeder Kontrolle von außen. Dazu gehört auch die Regierung in Athen.

Bis vor kurzem wurden die Mitglieder der Bezirksregierungen in Athen bestimmt. Zum Zeitpunkt der Kommunalwahlen 1994 trat die lokale Verwaltungsrefom für ganz Griechenland in Kraft. Sie sieht eine ziemlich umfangreiche **Dezentralisierung** und regionale **Selbstverantwortung** vor. Seit Amtsantritt Anfang 1995 übernehmen die gewählten Mitglieder der Selbstverwaltungsorgane schrittweise die Verantwortung für Straßenbau, Schulen, Krankenhäuser und wirtschaftliche Entwicklung einer Region. Verteidigungs-, Außen- und Rechtspolitik unterliegen weiterhin der Verantwortlichkeit der Zentralregierung.

Kreta erhält beträchtliche Zuwendungen aus EU-Fördermitteln. Bei der Fahrt über die Insel fallen immer wieder Hinweisschilder auf die vielen von der EU finanzierten neuen Straßenbauprojekte ins Auge.

Landwirtschaft

Unten: Im sonnigen Mittelmeerklima gedeiht der aus Zentralasien stammende Granatapfel.

Kreta besitzt wenig Bodenschätze und kaum Industrie. Ein Großteil der Bevölkerung lebt eher bescheiden von Landwirtschaft und Tierzucht – von Ziegen, Schafen, Schweinen und Geflügel. **Wein** und **Oliven** spielen eine bedeutende Rolle, und schätzungsweise die Hälfte der Insel dient unzähligen Ziegen und Schafen als Weideland.

Das Klima auf Kreta wirkt sich außergewöhnlich günstig auf den **Obstanbau** aus, das gilt besonders für Zitrusfrüchte, Feigen, Mandeln, Aprikosen, Quitten, Granatäpfel und Johannisbrot.

In vielen Teilen der Insel, vor allem an der wärmeren Südküste, stehen Hunderte von Plastik-Gewächshäusern (Prinzip Folientunnel). Der Niederländer Paul Kuipers hat sie in den sechziger Jahren auf Kreta eingeführt. Auch wenn die meisten Touristen der Anblick stört – für die Kreter erweisen sie sich als enormer Segen. Die Gewächshäuser ver-

Links: *Wo auch immer Sie auf Kreta reisen – irgendwann stecken Sie bestimmt in einer wandernden Schafherde.*

längern die Saison für Gemüse wie Tomaten, Gurken und Melonen, und sie ermöglichen neuen Fruchtarten wie Bananen, Avocados, Kiwis und Ananas überhaupt erst das Wachstum. Kreta zählt nun zu den Großexporteuren von Obst und Gemüse; besonders in den Wintermonaten profitieren die Märkte in Athen von kretischen Lieferungen.

Tourismus

Heutzutage bildet der **Tourismus** eines der Fundamente der kretischen Volkswirtschaft. Die ersten Inselbesucher zu Beginn des Jahrhunderts interessierten sich fast ausschließlich für die minoischen Ausgrabungen. In den Sechzigern begann der Massentourismus, zahlreiche Hotels entstanden an der Nordküste, an der die besten Strände liegen und die von Häfen und Flugplätzen aus am bequemsten zu erreichen ist. Viele Investitionen, insbesondere der anhaltende Bau-Boom beruhen auf mangelhafter Planung. So entstand auf weiten Strecken entlang der Nordküste ein häßliches Durcheinander von Hotelanlagen, Apartmentkomplexen und Badestränden.

Die Mehrheit der Touristen (jährlich an die 2 Mio.) bucht heute Kreta im Pauschalangebot. Leider konnte die Entwicklung der Infrastruktur mit diesem Ansturm nicht Schritt halten – so ist zum Beispiel der Flughafen von Iráklion trotz kürzlich durchgeführter Erweiterungen immer noch hoffnungslos überfordert.

MINOISCHE STATISTIK

Jährlich verzeichnen die sechs größten historischen **Ausgrabungsstätten** Kretas (einschließlich des Museums in Iráklion) insgesamt an die 1,5 Mio. Besucher, die schätzungsweise 1,4 Mrd. Drachmen (ungefähr 1,2 Mrd. DM) Eintrittsgelder einbringen. Die drei beliebtesten Sehenswürdigkeiten sind:
- **Knossós:** 685 000 Besucher im Jahr, davon ca. 130 000 im August (tägl. an die 4200 Besucher)
- **Museum in Iráklion:** 400 000 Besucher im Jahr (2300 tägl. im August)
- **Festós:** 145 000 Besucher im Jahr (800 tägl. im August). Fazit – wenn Sie lieber archäologische Stätten und Museen besichtigen, als in der Sonne liegen möchten, sollten Sie auf keinen Fall im August nach Kreta reisen!

AUSLÄNDER-STATISTIK

Größter Beliebtheit erfreut sich Kreta bei den **Deutschen** (600 000 Touristen pro Jahr), gefolgt von den Engländern (400 000), Skandinaviern (250 000) und Niederländern (150 000).

»VOLTA«

Eine alte Gewohnheit der griechischen Gesellschaft hat sich kaum verändert – die *vólta*. Das ist ein **Abendspaziergang**, bei dem die Familien (oder Gruppen von Männern und Frauen) über den Dorfplatz schlendern, auf der Strandpromenade lustwandeln oder eine bestimmte Straße auf und ab spazieren. Er bietet die Gelegenheit, sich herauszuputzen und mit Freunden und Nachbarn Kontakte zu pflegen. Schon immer war dieses Ritual ein dörflicher **Heiratsmarkt**, bei dem sich die zukünftigen Ehepartner unter Aufsicht der Eltern beschnuppern konnten.

DIE MENSCHEN

Die Kreter sind ein stolzes Volk, geprägt von dem langen und oft bitterem Kampf gegen Fremdherrschaft. Außerdem sind sie bekannt für Freundlichkeit und **Gastfreundschaft**. Angesichts der überwältigenden Flut von »Invasoren«, die heutzutage in vollbesetzten Maschinen ihr Feriendomizil anfliegen (in Spitzenzeiten zählt die Insel beinahe ebensoviele Touristen wie Kreter) werden diese liebenswerten Eigenschaften jedoch bis auf äußerste strapaziert. Der alte Brauch der *philoxenía* (Gastfreundschaft Fremden gegenüber) ist so gut wie verschwunden – vielerorts ziert dieses einladende Wort nur noch eine Hotelfassade.

Zwangsläufig führte der **Tourismus** zu Veränderungen in der traditionellen kretischen Lebensart – einerseits durchaus positive (z.B. wächst der Wohlstand), andererseits aber auch weniger wünschenswerte (die Bebauung nimmt zu, und da die jungen Leute zu den touristischen »Honigtöpfen« ausschwärmen, sterben die Dörfer aus). Dennoch konnten sich die vier großen Regionen Kretas ihre individuelle kulturelle Identität mit eigenen Sitten und Dialekten bewahren.

Nach wie vor bildet die Familie den Eckpfeiler der kretischen Gesellschaft, besonders die »**Großfamilie**«, die unter der Führung des Vaters als zentraler Autorität aus einem Kern von mindestens drei Generationen besteht. Manchmal leben alle drei Generationen unter einem Dach, wobei die Frischvermählten immer in das Haus des Vaters des Bräutigams ziehen. Die Großfamilie funktioniert unter anderem als ökonomisches Sicherheitsnetz, wenn enge Verwandte in Not geraten. Die Stellung der Frau ist stark von der Eingebundenheit in traditionelle Strukturen abhängig. »Emanzipation« ist nur außerhalb der Großfamilie möglich.

Die wichtigsten Familienfeste sind **Taufe** und **Hochzeit**, bei letzterem nehmen oft ganze Dörfer an den Feiern teil.

Unten: *Ein Porträt-Fotograf in Iráklion wartet auf sein nächstes Motiv.*

RELIGION

Im kretischen Alltagsleben spielt die **griechisch-orthodoxe Kirche** eine bedeutende Rolle. Unter der allgegenwärtigen Gerichtsbarkeit des Patriarchen von Istanbul wird die orthodoxe Kirche von einem Erzbischof regiert (Sitz in Iráklion) und vier Bischöfen (jeweils einer für einen der vier Distrikte). Darunter steht der *papás*, oder Gemeindepriester, der seinen Dienst bei Taufen, Hochzeiten und Beerdigungen ausübt. Geburtsfeste der Heiligen (*panigíria*) gehören zum wichtigen Bestandteil des religiösen Kalenders.

Die Bedeutung des orthodoxen Glaubens hängt sicher damit zusammen, daß in der langen Zeit der türkischen Unterdrückung die Kirche standhaft das Christentum verteidigte. Zudem erwiesen sich im Zweiten Weltkrieg die Klöster als Bastionen des Widerstands gegen die deutschen Invasoren, als sie den alliierten **Soldaten** und kretischen Partisanen Schutz und Hilfe boten. Der Kirche oblag außerdem eine entscheidende Rolle bei dem Bemühen, die griechische **Sprache** und **Kultur** im Lauf der Jahrhunderte zu bewahren.

BLUTRACHE

Der unbeugsame Stolz der Kreter und ihr ausgeprägter Sinn für die **Familienehre** führten in der Vergangenheit häufig zu Jahre andauernden Fehden zwischen einzelnen Familien – da jede Seite die Vergeltung der anderen übertrumpfen mußte, kam es oft zu einem eskalierenden Teufelskreis. Eine Blutrache in den 1940er Jahren, in der abgelegenen Bergregion Sfakiá, dauerte 9 Jahre und kostete 20 Menschen das Leben. Es soll noch in den 1970er Jahren zu blutigen Familienfehden gekommen sein.

MINIATURKIRCHEN

Überall auf der Insel Kreta sieht man am Straßenrand **kleine Mahnmale**, die schlichte Miniaturausgabe einer Kirche oder Kapelle, die oft durch Schmuck und Verzierungen heillos überladen ist. In einer solchen *ikonostássis* befinden sich oft brennende Öllämpchen, Ikonen oder Erinnerungsstücke an ein meist schreckliches Ereignis (z. B. einen tödlichen Unfall), das an dieser Stelle passiert ist. In Haarnadelkurven im Gebirge sieht man oft mehrere beieinander, eine nützliche Warnung vor einem Unfallschwerpunkt.

Links: *Diese kleinen Gedenkstätten am Wegrand begegnen einem überall auf der Insel.*

Unten: *Ein traditionelles Fischerboot auf dem Strand von Plataniás, westlich von Chaniá. Immer noch spielt in vielen Küstenorten die Fischerei eine wichtige Rolle.*

TRADITIONEN

Die meisten farbenfrohen, kretischen **Trachten** werden heutzutage nur selten getragen und sind am ehesten noch in den Vitrinen der Museen zu sehen. Allerdings trifft man in Bergdörfern durchaus noch alte Männer in traditionellen weiten schwarzen Pumphosen – den *wrákas*, die es seit dem 16. Jh. gibt – mit hohen Stiefeln, und einem um den Kopf gebundenen schwarzen Fransentuch, das *saríki*. Frauen in den traditionellen, reich geschmückten Trachten sieht man überhaupt nicht mehr (es sei denn bei Bühnenaufführungen).

Musik und **Tanz** sind auf Kreta so bedeutsam wie überall in Griechenland, allerdings klingt die kretische Musik eher wild und ungebändigt. Die wichtigsten Instrumente sind die Lyra (ein Vermächtnis der Venezianer), begleitet von der Laouto, einer Art Laute, und dem Tambouras (Bouzouki). In entlegenen ländlichen Gegenden wird manchmal noch die traditionelle kretische Flöte (*askomantoura*) gespielt.

Die beliebtesten Lieder sind die *mantinades*, witzige, intelligente Zweizeiler, bei denen alle Anwesenden den Refrain mitsingen. Zwar gibt es für jede Gelegenheit eine Mantinada, trotzdem werden viele, manchmal mit anzüglichen Witzen, aus dem Stegreif erfunden. Die ältesten Lieder sind die jahrhundertealten *rizitika*-Balladen aus den Lefká Óri (Weißen Bergen). Diese Balladen handeln vor allem von kretischem Heldentum und dem Wunsch nach Freiheit.

Der bekannteste kretische Tanz ist der *pentozali*, ein Fünf-Schritte-Tanz aus Ostkreta: Die Tänzer bilden eine Reihe, fassen sich an den Schultern und folgen den Schritten des ersten in der Reihe. Rasch steigert sich die Geschwindigkeit, und der Vortänzer führt akrobatische Sprünge aus, während die Musik immer lauter wird.

Der *sirtos*, den man überall in Griechenland kennt, ist ein schneller Rundtanz, der auf Kreta in vielen lokalen Varianten ausgeführt wird. Einziger Paartanz ist der von den Venezianern eingeführte *sousta*.

Links: *Musik und Tanz gehören zur kretischen Lebensart.*

KRETISCHE FESTE

Das wichtigste Fest des griechischen Kalenders ist **Ostern**, es wird mit erheblichem Aufwand und voller Inbrunst gefeiert. Obwohl das Fasten in der Fastenzeit nicht mehr streng kontrolliert wird, übertragen Radio und Fernsehen in der Karwoche religiöse Programme, und überall finden Gottesdienste statt. Am Karfreitag stehen die Leute Schlange, um dem *Epitáphios*, einer Christusfigur, die Ehre zu erweisen. In dieser Nacht wird die Totenbahre durch die Straßen getragen, gefolgt von einer großen, feierlichen Prozession.

In der Nacht auf Ostersonntag feiern die Kreter die Auferstehung Christi mit einer Messe, die Punkt Mitternacht beginnt: Mit dem Ruf »*Christós anésti*« (Christus ist auferstanden) entzünden alle Gläubigen Kerzen. Anschließend erhellt ein Feuerwerk den Himmel, und die Glocken läuten (früher schoß man mit Gewehren in die Luft, bis dieser Brauch nach einer Reihe von tödlichen Unfällen verboten wurde). Die Fastenzeit wird am Ostersonntag mit einer Suppe aus Lamminnereien (*magirítsa*) beendet, danach wird das Lamm gegrillt. Durch jedes Dorf zieht der köstliche Duft von Knoblauch, Öl und Kräutern, während sich der Braten auf dem Spieß dreht. Im Anschluß an die Mahlzeit wird gesungen und getanzt. Außer den großen Festen gibt es zahlreiche kleinere Feierlichkeiten zu Ehren des **Schutzheiligen** einer Dorfkirche an dessen Namenstag.

FESTE UND FESTIVALS

6.–7. Januar: Epiphania-Fest, überall werden die Taufbecken und das Wasser (auch das Meer) gesegnet.

Fastenzeit: Nach Umzügen und Maskeraden beginnt die Fastenzeit.

25. März: Unabhängigkeitstag, Umzügen und Tänze zum Gedenken an den Aufstand von 1821.

1. Mai: Frühlingsfest, über jeder Haustür hängen Blumenkränze, um den Frühling zu begrüßen.

20.–27. Mai: Gedenken an die Schlacht um Kreta (1941).

24. Juni: Geburtstag Johannes des Täufers, Entzündung des Sonnenwendfeuers.

Juli: Eine Woche lang Weinfest in Réthimnon.

15. August: Mariä Entschlafung, Mitte August: Sultaninenfest in Sitía.

25. August: Tag des heiligen Titus, Kretas Schutzpatron, mit Prozession in Iráklion.

29.–30. August: Zweitägiges Fest auf der Halbinsel Rodopoú zu Ehren Johannes des Täufers.

Mitte Oktober: Kastanienfest im Südwesten der Insel.

28. Oktober: »Ochi-Tag«, griechischer Nationalfeiertag in Gedenken an das Nein (óchi) der Griechen zu Mussolinis Kapitulationsaufforderung im Jahr 1940.

7.–9. November: Nationalfeiertag Kretas zum Gedenken an die Sprengung im Kloster Arkádi im Jahr 1866 (S. 89).

Unten: *In der Sonne trock-
nen Tintenfische auf der
Leine: Die kleingeschnitte-
nen Tentakel werden später
über Holzkohle gegrillt und
als Vorspeise serviert.*

SPEISEN UND GETRÄNKE

Die griechische Küche bietet nicht gerade kulinarische
Höhepunkte, dennoch kann eine kretische Mahlzeit ausgesprochen köstlich schmecken. An einem Tisch im Freien mit
Blick auf das blaue Meer, bei einem Glas gutem Landwein,
frischem griechischen Bauernsalat und auf Holzkohle ge-
grillten *souvláki* lassen sich alle Sorgen der Welt vergessen.

Der häufigste Restaurant-Typ ist die *taverna*, wo man eine Reihe von warmen Gerichten, (s. unten) Fleisch und Fisch
vom Grill und Salate bekommt. Eine *psistariá* ist ein
Restaurant, das sich auf Spießbraten (z.B. Lamm mit Kräutern) und Gegrilltes spezialisiert hat: Ein solches Gasthaus in
der Nähe lohnt immer den Besuch. Eine *psarótaverna* bietet
in erster Linie Fischgerichte.

Obwohl man Ihnen zum Empfang meistens eine abge-
griffene Speisekarte in die Hand drückt (gewöhnlich in
Griechisch und Englisch), sagt diese wenig darüber aus, was
es an diesem Tag wirklich zu essen gibt. In einer typischen
Taverne steht gewöhnlich eine Vitrine mit allen Mahlzeiten,
die angeboten werden – das können Fleisch- und Fisch-
stücke sein oder vorbereitete Gerichte. In kleineren, traditio-
nelleren Tavernen fragen Sie am besten, ob Sie einen **Blick
in die Küche werfen** und aus den dampfenden Töpfen
wählen dürfen.

Wenn Sie es nicht ausdrücklich anders bestellen, bringt
man Ihnen alle Speisen auf einmal auf den Tisch. Nur der
griechische Salat wird im allgemeinen als Vorspeise serviert.
Komplette Menues sind
eher eine Rarität – stellen
Sie sich einfach Ihre Mahlzeit nach Belieben zusam-
men.

Oft werden zum Aperitif
mezédes gereicht, kleine
Leckerbissen wie Tomaten-,
Gurken- und Melonen-
scheiben, Käsestückchen,
Muscheln oder Oliven. Zu
den richtigen Vorspeisen
gehören *táramosaláta* (aus

Vier Freunde beim Spiel, dem távli *(Backgammon). Eine solche Spielrunde ist vielerorts in den* kafeníons *zu finden. Sie ist Männern vorbehalten.*

geräuchertem und püriertem Fischrogen), *tsatsíki* (Joghurt- und Gurken-Dip mit Knoblauch), *melitzánosaláta* (Auber- ginen-Dip) und *dolmadákia* (gefüllte Weinblätter).

Das einzige einheimische Fleisch ist natürlich **Lamm** (oder Ziege), alles andere wird importiert. *Souvláki*, mit Oregano gewürzte Grillspieße (Lamm- oder Schweine- fleisch), werden überall meistens mit Pommes frites serviert und kosten gewöhnlich nicht viel. *Paidákia* sind auf Holzkohle gegrillte Lammkoteletts. Hühnchen (*kotópoulo*) bekommt man immer und überall. Eine besondere Spezialität ist *stifádo*, ein Eintopf aus Rindfleisch, Tomaten und Zwiebeln, der traditionell im Tontopf gegart wird.

Von bester Qualität sind oft die Aufläufe aus dem Backofen, am bekanntesten: *moussaká* (Hackfleisch, Auber- ginen und Kartoffeln mit Bechamelsoße); *pastítsio* (Nudeln, Hackfleisch und Tomaten mit Käse überbacken) und *kleftikó* (eine lokale Spezialität aus Fleisch, Kartoffeln und Gemüse im Tontopf). Da die Gewässer um Kreta fast leergefischt sind, müssen Sie heutzutage für **Fisch** ausgesprochen viel bezahlen. Normalerweise suchen Sie sich Ihren Fisch aus der Kühltheke aus und bezahlen nach Gewicht. Es gibt Rotbarben (*barbóunia*), Schwertfisch (*xifiás*), Oktopus (*chtapó- di*) und Tintenfische (*kalamári*) – sie alle haben ihren Preis. Am billigsten sind *gópes*, kleine gebratene Sardinen.

Vegetarier haben weniger Auswahl, dafür können sie köstliche Gerichte wie *fasouláda* (grüne Bohnen mit Toma- ten) und **boureki** (eine Pastete aus Zucchini, Kartoffeln und

Rechts: *Obst- und Gemüse-stand auf dem quirligen Markt in Iráklion. Hiesige Früchte sind köstlich und in der Saison preiswert.*

Käse) genießen. Für Salate verwendet man einheimische Produkte, am bekanntesten ist der Griechische Bauernsalat (*choriátiki saláta* aus Tomaten, Gurken, Zwiebeln und Oliven, gekrönt von einer bröckligen Scheibe féta-Käse).

Die Griechen bestellen gewöhnlich kein Dessert nach dem Essen, sondern holen sich in der Konditorei des Ortes (*sácharoplastíon*) verführerische Köstlichkeiten wie *báklava* (eine mit Honig und Nüssen gefüllte Blätterteigpastete), *bugátsa* (Blätterteiggebäck mit Joghurt/Käse-Füllung), oder *lukumádes* (in heißem Öl gebackene Teigkugeln mit Honig).

Früchte gibt es in Hülle und Fülle, die meisten werden allerdings exportiert. Man kann in Kirschen, Pflaumen, Aprikosen, Wassermelonen, Feigen, Birnen, Äpfeln, Orangen und Trauben schwelgen, mancherorts wachsen sogar Bananen.

Wie überall in den Mittelmeerländern ist das Frühstück eher mager. In allen Touristenorten serviert man jedoch ein kontinentales oder englisches Frühstück, oder griechischen Joghurt mit Honig oder frischen Früchten.

Fast überall, wo sich die Touristen tummeln, können Sie sich an kleinen Snacks wie *souvláki* (gibt es oft in Pita-Brot mit Salat und Joghurt), schmackhaften mit Käse oder Spinat gefüllten Pasteten oder amerikanischem Fast Food sattessen.

Getränke

Kretische Männer sitzen am liebsten im *kafeníon*, einer Art Café mit schlichtem Mobiliar. Tische und Stühle stehen im

---

WARNUNG VOR DEM KATER

Rakí ist ein **klarer Schnaps**, der im Herbst nach dem Pressen aus den Resten der Trauben gewonnen wird. Sein Geschmack (so behaupten jedenfalls Kenner) variiert erheblich von Dorf zu Dorf und hängt von der Qualität der Trauben und der Art und Weise der Herstellung ab. Man nennt ihn auch *tsikoudiá* oder *tsípouro*. Mit **Vorsicht** zu genießen: Er brennt in der Kehle.

Sommer draußen. Hier verbringen die alten Männer des Dorfes müßig den Tag mit Zeitunglesen, politischen Diskussionen und *távli*-Spiel (Backgammon). Sieht man eine Frau in einem kafeníon, ist es mit Sicherheit eine Touristin. Als **Aperitif** bevorzugt man gewöhnlich *óuzo* (mit Wasser aufgefüllt) oder *rakí*. Traditionsgemäß wird ein Aperitif immer mit ein paar leckeren Kleinigkeiten (*mezédes*) serviert, einem Touristen kann es aber passieren, daß er dafür bezahlen muß. **Biere** wie Amstel, Löwenbräu und Henninger werden auch in Griechenland gebraut.

Die meisten kennen den *retsína* vom griechischen Restaurant um die Ecke, einen **Wein**, dessen eigentümlicher Geschmack ursprünglich dadurch entstand, daß die hölzernen Weinfässer mit dem Harz der Aleppokiefer abgedichtet wurden. *Retsína* ist kein ursprünglich kretischer Wein, er wird genau wie Ouzo vom Festland importiert. Wein aus Kreta ist traditionell nicht geharzt, meistens ist es ein eher schwerer würziger Rotwein oder Rosé, und erinnert an Sherry. Für griechischen Tischwein müssen Sie mehr zahlen. Mittlerweile gibt es einige interessante Weine von kleineren Festlandwinzern. Um konkurrenzfähig zu bleiben, mußten die größeren Weinlieferanten zudem ihre Qualität verbessern: Achten Sie auf Namen wie Domaine Carras, Boutari und Achaia Clauss. Einer der besten kretischen Weine wird mit dem Etikett des **Minos-Palastes** verkauft und in Peza-Pediados hergestellt, nur wenig entfernt von dem Ort, an dem man die erste minoische Weinkelterei entdeckte.

> **SÜSSER KAFFEE**
>
> Griechischer Kaffee (*kafé ellinikó*) ist vergleichbar mit dem türkischen Kaffee und wird **stark** und **schwarz** in winzigen Tassen serviert, normalerweise mit etwas Zucker (*métrio*). Viel Zucker bedeutet *vari glikó*, ohne Zucker *skéto*. Pulverkaffee »Nescafé« ist überall erhältlich.

Links: *Hausgebrannter rakí wird auf dem Markt in Iráklion zum Kauf angeboten. Wenn man Ihnen ein Glas von diesem klaren Schnaps anbietet, ist das eine Freundschaftsgeste, die Sie nicht ablehnen dürfen. Also runter damit – aber bloß nicht zuviel – es ist harter Stoff!*

2
Iráklion

Erwarten Sie keine beschauliche mediterrane Hafenstadt – **Kretas Hauptstadt** wirkt wie ein Schock auf alle Sinne: Es ist ein riesiges, lautes, ziemlich reizloses, staubiges Ballungszentrum aus Beton, das wenig mit dem restlichen Kreta gemeinsam hat. Als fünftgrößte Stadt Griechenlands (mit dem höchsten Pro-Kopf-Einkommen) stellt Iráklion das **Wirtschafts- und Handelszentrum** Kretas dar. Im geschäftigen Hafen legen Kreuzfahrtschiffe, Container-Schiffe und zweimal täglich die Fähren aus Piräus an. Und auf dem größten Flughafen der Insel, 4 km vom Stadtzentrum entfernt, landet ein Charterflugzeug nach dem anderen.

Eigentlich müßte man um diese Stadt einen großen Bogen machen, und doch besitzt Iráklion immer noch einen gewissen vitalen Charme, verbunden mit kosmopolitischem Flair, zahlreiche Geschäfte und eine Handvoll bedeutender Sehenswürdigkeiten. Iráklion läßt sich nur aushalten, wenn man woanders wohnt.

Die Stadt blickt auf eine turbulente **Vergangenheit** zurück, das zeigt schon der häufige Namenswechsel seit ihrer Gründung: die Römer tauften den Hafen Heraclium, die Araber veränderten ihn nach der Eroberung im Jahr 824 in Rabdh el Khandak. Damals war die Stadt ein Piratennest mit einem der größten Sklavenmärkte im Mittelmeerraum.

Als die Venezianer die Macht übernahmen, gaben sie der Stadt (und der Insel) den Namen Candia. Sie machten sie zu einem der führenden Seehäfen im östlichen Mittelmeerraum und damit zur reichen Beute für die Türken, die sie im Jahr 1669 eroberten. Erst nach dem Abzug der Türken (1898) wurde der ursprüngliche Name wieder eingeführt.

SEHENSWERTES

*** Das **Archäologische Museum** (wird von lokalen Veranstaltern oft in Verbindung mit dem Besuch von Knossós angeboten)
*** Die **Ikonen-Sammlung** in der Kirche **Agía Ekateríni**
** Das einzige Gemälde von **El Greco** auf Kreta (Historisches Museum)
** Aussicht auf den Hafen und die Stadt vom venezianischen **Kastell Koúles**.
* Der tägliche Markt in der Odós 1866
* Kaffee und bougátsa auf dem **Venizélou-Platz** mit Blick auf den Morosini-Brunnen

Gegenüber: *Die venezianische Festung im Hafen von Iráklion.*

GESCHICHTE IN ZAHLEN

Der jahrhundertelange
Unabhängigkeitskampf ist
für die Kreter so wichtig und
bedeutsam, daß sie ihre
Straßen nach entscheidenden
Daten auf dem Weg in die
Freiheit benannt haben. So
finden Sie in Iráklion:
• **Odós 1821:** In diesem Jahr
begann der griechische
Unabhängigkeitskampf.
• **Odós 1866:** Erinnert an
das Jahr, in dem sich einige
Hundert Märtyrer im Kloster
Arkádi in die Luft sprengten.
(S. 89)
• **Odós Avgoústo 25:**
Jahrestag des Massakers von
1898 in Iráklion, Anlaß für
die Beendigung der
türkischen Herrschaft. Mehr
als 300 Menschen starben,
darunter 17 britische
Soldaten und der Vizekonsul.

STADTBUMMEL

Als Ausgangspunkt Ihrer Entdeckungstour durch Iráklion
bietet sich der **alte Hafen** an – dort liegen einige Dutzend
Fischerboote, deren Fang man gleich an der Kaimauer kaufen kann. Direkt vor Ihnen führt die Mole zu dem imposanten Venezianischen Kastell (S. 40), hinter Ihnen stehen die
alten venezianischen hohen Lagerhallen, die Arsenale; sie
dienten einst als Schiffswerften.

Vom Hafen aus folgen Sie der Hauptstraße **Odós 25
Avgoústou** direkt ins Zentrum, hier reihen sich Reisebüros,
Autovermietungen, Banken, Wechselstuben und Souvenir-
läden aneinander. Fast am Ende erstreckt sich auf der linken
Seite ein weiträumiger, hübscher Platz, der von der Kirche
Ágios Títos beherrscht wird. Ursprünglich war dies eine by-

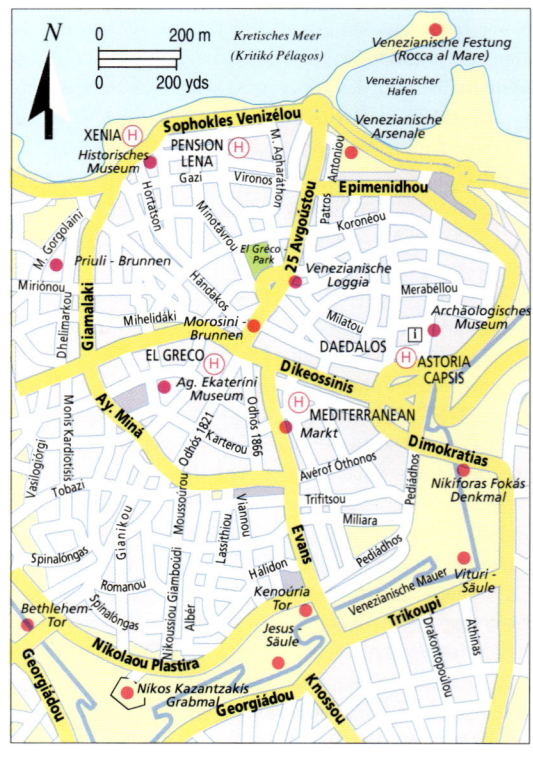

Links: *Der baumbestandene grüne Platz im Zentrum von Iráklion wird von der Kirche Ágios Títos überragt. In einem Reliquienschrein liegt der Schädel des Heiligen Titus, dem ersten Bischof von Kreta.*

zantinische Kirche, die seit ihrer Gründung jedoch viele Male zerstört und wieder aufgebaut wurde. Im 16. Jh. errichteten die Venezianer sie wieder neu, später verwandelten die Türken sie in eine Moschee. Bei einem Erdbeben im Jahr 1856 wurde die Kirche zerstört und zuletzt 1925 wieder eingeweiht.

Etwas weiter oben am Rand des Platzes steht die stilvolle **venezianische Loggia**, die man nach der Zerstörung im Zweiten Weltkrieg wiederaufgebaut hat. Das ursprüngliche Gebäude aus dem Jahr 1626 diente dem venezianischen Adel als Ballsaal und gesellschaftlicher Treffpunkt. Beim Spaziergang durch die Arkaden der Loggia gelangen Sie zu einem bezaubernden halbrunden Innenhof. Die umliegenden Räumlichkeiten beherbergen heute die Amtsräume des Rathauses.

In unmittelbarer Nachbarschaft befindet sich die restaurierte Kirche **Ágios Markos**. Sie wurde im Jahr 1239 erbaut und in der Folgezeit zweimal durch Erdbeben zerstört. Nach dem Wiederaufbau im Jahr 1600 diente sie später den Türken als Moschee. Heute ist es wieder eine Kirche, in der regelmäßig Kunstausstellungen stattfinden. Auf jeden Fall lohnt sich ein Blick ins Innere.

Die Kirche Ágios Markos beherrscht die **Platía Venizélou** im Zentrum. Auf diesem Platz trifft man sich; zahlreiche Restaurants und Cafés gruppieren sich um den reich verzierten **Morosini-Brunnen**. Dieser wurde im Jahr 1628, einem der letzten Jahre venezianischer Herrschaft, von Francesco Morosini erbaut. Die vier imposanten Löwen in

TITUS-KOPF AUF REISEN

Titus begleitete den Apostel Paulus bei der Ankunft auf Kreta im Jahr 59. Er wurde der erste **Bischof von Górtys** (s. S. 59)., mußte aber in den Norden fliehen, als die Sarazenen an der Südküste landeten. Sein Grab befindet sich in der Kirche Ágios Títos in Iráklion. Im Zuge der türkischen Angriffe im Jahr 1669 nahmen die Venezianer seinen **Schädel** zur Sicherheit an sich. 1966 kehrte Titus' Schädel wieder nach Kreta zurück.

Unten: *Von Kazantzákis´ Grab aus fällt der Blick auf den Berg Joúchtas, der sich südlich der Hauptstadt erhebt. Der Legende nach wurde Zeus an seinem Fuß begraben, und in der Silhouette des Berges soll man sein Profil erkennen.*

der Mitte stammen aus dem 14. Jh. Heute sprudelt kaum noch Wasser aus den Löwenmäulern, nach wie vor jedoch diskutiert man an den Tischen ringsum das Weltgeschehen – bei Kaffee und *bougátsa*, einem leckeren cremegefüllten Blätterteiggebäck.

Direkt gegenüber des Morosini-Brunnens auf der Platía Venizélou beginnt die Fußgängerzone **(Odós Dedálou)**, sie führt geradewegs zur **Platía Eleftherías**. Die Dedálou ist mittlerweile die beliebteste Flaniermeile der Stadt, hier wechseln sich schicke Boutiquen mit Restaurants und Buchhandlungen ab. Auch die Platía Eleftherías (Freiheitsplatz) gehört zu den bekanntesten Treffpunkten der Stadt – in der Mitte spendet ein Palmengarten Schatten, außerdem lohnt sich die schöne Aussicht über die Stadtmauer. Hier steht auch ein überlebensgroßes Denkmal von Eleftheríos Venizélos, einem der Begründer des modernen Kreta.

An einer Seite des Platzes befindet sich die **Zentrale des griechischen Fremdenverkehrsamts** (EOT), gegenüber das riesige **Archäologische Museum** (S. 38). Etwas versteckt hinter dem Hauptgebäude finden Sie das neue Museum, das der Schlacht um Kreta und dem Widerstand gewidmet ist (Ecke Odós Doúkos Bofór und Chatzidaki Straße). Es beherbergt eine umfangreiche Waffensammlung, Uniformen, Fotografien und andere Relikte aus dieser historisch bedeutsamen Zeit.

Südlich der Platía Venizélou stoßen Sie auf die Odós 1821, parallel dazu verläuft die **Basarstraße Odós 1866** mit ihrem vielfältigen, üppigen Warenangebot. Auf diesem turbulenten **Markt** kann man sehr gut kretischen Honig, Joghurt, selbstgebrannten *rakí* und Gewürze kaufen, oder Käse und frisches Obst für ein Picknick. Einige traditionellere Marktstände sind von Schmuck und Souvenirläden verdrängt worden, nach wie vor kaufen auf diesem

Markt jedoch Einheimische und Leute aus der Umgebung Schuhe, Messer oder andere Gebrauchsgegenstände.

Zum Ende der Basarstraße hin zweigen Seitenstraßen ab zu den Fisch- und Fleischständen: ganz zum Schluß öffnet sich der Markt auf die **Platía Kornárou**. Hier gruppieren sich Café-Tische um den Bémbo-Brunnen; dessen kopflose römische Statue stammt aus Ierápetra. Das Café selbst ist in einem ehemaligen türkischen Brunnenhaus untergebracht. Während Sie von Ihrem Tisch aus dem Treiben auf dem Markt zusehen, fällt Ihr Blick auch auf eine Skulptur am anderen Ende des Platzes: es sind die kolossalen Figuren von Erotókritos und Arethousa, einem Paar aus dem Versepos von Vincenzos Kornáros (aus dem 17. Jh.), nach dem auch der Platz benannt ist.

Wenn Sie der Odós Évans folgen, kommen Sie bald an die **Pórta Kenoúria**, eines der gewaltigen Stadttore, die im 16. Jh. zur Verteidigung Kretas vor den Türken erbaut wurden. Nach einem Blick auf die 40 Meter dicken Mauern verstehen Sie, warum Iráklion damals als uneinnehmbar galt.

Halten Sie sich innerhalb der Mauern westlich, nach fünf Minuten erblicken Sie einen Wegweiser, der zum **Grab von Kazantzákis** führt. Der berühmteste kretische Dichter ruht hoch über den Dächern der Stadt. Sein Grab schmückt ein schlichtes Holzkreuz mit der Inschrift: »Ich erhoffe nichts, ich fürchte nichts, ich bin frei.« Weil er von der Kirche wegen seiner unorthodoxen Ansichten exkommuniziert wurde, hat man ihn hier in nicht geweihter Erde begraben, mit großartigem Blick auf den **Joúchtas**.

ZEUS' PROFIL

Im Hinterland von Iráklion bestimmt das Bergmassiv des Joúchtas die Szenerie, ein Felsklotz von 811 m Höhe, der von der Stadt aus gesehen eindeutig ein menschliches Profil zeigt. Der Legende nach handelt es sich um das **Gesicht** des schlafenden Gottes Zeus, der am Fuß des Berges begraben wurde. Sie können über eine steinige Piste exakt bis auf die Nasenspitze fahren (über **Archánes**). Dort steht eine kleine Kapelle, in der jedes Jahr am 5. August eine Feier stattfindet.

DAS ARCHÄOLOGISCHE MUSEUM
(Archaologikó Mousío) ★★★

Iráklions **Archäologisches Museum** (Öffnungszeiten: Mo 12.30-17 Uhr, Di–So von 8–17 Uhr) wurde erdbebensicher konstruiert und erinnert eher an einen Bunker und nicht an den Aufbewahrungsort für die weltweit umfangreichste Sammlung minoischer Kunst. Es wirkt jedoch insgesamt recht altmodisch, könnte besser erklärt und beschriftet sein. Die gesamte Präsentation sieht ziemlich angestaubt aus (trotz kürzlich vorgenommener Umgestaltungen). Trotzdem sollten Sie sich dieses Museum nicht entgehen lassen. Am besten finden Sie sich zurecht, wenn Sie den chronologisch angeordneten Sälen folgen.

Saal I befaßt sich mit dem **Neolithikum** bis zum Beginn der frühminoischen oder **Vor-Palastzeit** (3000–1900 v. Chr.). Beachten Sie den Miniatur-Stier aus Ton, über dessen Hörner Akrobaten springen – ein frühes Zeugnis für den minoischen Stierkult.

In **Saal II** lagern Funde der **Älteren Palastzeit** (1900–1700 v. Chr.) aus Knossós, Mália und den Gipfelheiligtümern sowie die ersten Exemplare der sogenannten Kamáres-Keramik. Mit ihren vielfältigen Mustern und Formen in Rot und Weiß auf schwarzem Hintergrund gehören sie zur schönsten Stilrichtung des vorgeschichtlichen Griechenlands. **Saal III** stellt ebenfalls Funde aus der **Älteren Palastzeit** vor. Attraktion des Saales ist der berühmte Diskus von Festós.

Rechts: Das Museum von Iráklion beherbergt Rekonstruktionen der wunderbaren Fresken aus dem Palast von Knossós. Dieses berühmte Abbild eines angreifenden Stieres, eines Tieres, das im Zentrum des minoischen Kultes stand, zeigt Athleten, die ihn bei den Hörnern packen und über seinen Rücken springen.

Saal IV ist der **Jüngeren Palastzeit** gewidmet (1700–1450 v. Chr.). Sie gehörte zu den Höhepunkten der kretischen Zivilisation. Einige Meisterwerke aus dieser Epoche sind hier zu sehen, darunter auch der Stierkopf, ein schönes Beispiel für ein zeremonielles Gefäß *(rhython)*. Hier findet man auch die berühmten barbusigen Schlangengöttinnen und das zierliche Elfenbeinmodell eines Stierspringers.

Saal V: Funde aus der **Spätzeit der Palastkultur von Knossós** (1450–1400 v.

Chr.) und Tontäfelchen mit frühen Linear-A- und Linear-B-Schriften. **Saal VI** enthält Funde aus den Gräbern derselben Periode, unter anderem prächtigen Goldschmuck. Auch in **Saal VII** liegt der Schwerpunkt auf Schmuck , aber auch einige wunderschöne Vasen sind ausgestellt – besonders bemerkenswert die schwarzglänzende **Schnittervase**.

Oben: *Der Diskus von Festós mit den eingeprägten Hieroglyphen, die bis heute für die Archäologen ein Geheimnis geblieben sind.*

In **Saal VIII** dürfen Sie den einzigartigen Trinkrhyton nicht übersehen, eine zierliche Vase aus Bergkristall mit einem Henkel aus Perlen. **Saal IX** beherbergt Funde aus **Ostkreta** (darunter eine große Sammlung von **Siegelsteinen**).

In **Saal X** zeigt sich der Einfluß der Mykener und dokumentiert den Niedergang der minoischen Zivilisation. Mehr aus dieser Periode finden Sie in **Saal XI**. Die Erfindung erster Waffen aus Eisen ermöglichte den **Dorern** den Sieg über die Mykener. Andere Einflüsse (besonders ägyptische) werden in **Saal XII** dokumentiert. **Saal XIII** ist ausschließlich den Sarkophagen der Nach-Palastzeit gewidmet.

Saal XIV im Obergeschoß gehört zu den Höhepunkten des Museums. Hier sind Rekonstruktionen der prachtvollen **Fresken** zu sehen, die den Palast von Knossós schmückten. In diesem Saal befindet sich auch ein wundervolles Holzmodell des Palastes und der beeindruckende **Steinsarkophag** aus Agía Triáda – eines der wertvollsten Ausstellungsstücke des Museums. **Saal XV** und **XVI** enthalten noch mehr Fresken, **Saal XVII** weitere Objekte aus allen Epochen.

Wieder unten angelangt, führen Sie die Exponate der drei letzten Säle in die klassische, hellenistische und griechisch-römische Zeit.

DER DISKUS VON FESTÓS

Der berühmte Diskus von Festós gehört zu den vielen Geheimnissen, die sich um die minoische Zivilisation ranken. Die im Durchschnitt 16 cm messende **Tonscheibe** zeigt auf beiden Seiten eine Abfolge von Hieroglyphen, die spiralförmig von der Mitte ausgehen. Man erkennt Blumen, Vögel und menschliche Figuren, aber niemand kennt deren Bedeutung. Manche Symbole wiederholen sich, daraus könnte man schließen, daß es sich um ein Gebet oder einen Hymnus handelt. Zwischen 1700 und 1600 v. Chr. wurden die Symbole auf die Tonscheibe geprägt, das erste Beispiel für ein Druckverfahren.

Von den Zinnen des venezianischen Kastells erkennt man
die Umrisse der Insel Día,
12 km draußen im Meer. Die
Insel ist eines der Reservate
für die bedrohte kretische
Wildziege (kri-kri). Hier soll
der Meeresforscher Jacques
Cousteau nach der **Stadt
Atlantis** getaucht haben –
statt dessen entdeckte er eine
versunkene minoische Stadt,
die durch eine gewaltige
Naturkatastrophe (1450 v.
Chr.) zerstört wurde.

Unten: *Die Kirche von Agía
Ekateríni birgt die bedeutendste Ikonensammlung
von Kreta.*

Venezianische Festung (Kástro Koúles) ★★★

Diese imposante Festung bewacht den Eingang zum Alten
Hafen. Sie wurde zwischen 1523 und 1549 von den Venezianern errichtet und bildete im 17. Jh. eine ihrer **Hauptver-
teidigungsanlagen** gegen die Türken. Kástro Koúles soll die
schönste venezianische Festung sein.

Schon beim Eintritt in die Festung (Di-So 9-15 Uhr
geöffnet) begreift man, wie es den Venezianern gelang, 21
Jahre lang der türkischen Belagerung standzuhalten. Hinter
meterdicken Mauern verbergen sich 26 Räume, die mit ihren
Schießscharten eine Atmosphäre absoluter Unbezwingbar-
keit vermitteln. Eine Rampe führt aus dem Inneren auf die
Zinnenmauer, von dort aus hat man einen unvergleichli-
chen Blick auf den Hafen und die Stadt. Auf den Außen-
mauern der Festung sieht man das Relief mit den Markus-
löwen, dem Wahrzeichen des ehemaligen venezianischen
Stadtstaates.

Historisches Museum (Istoríke Mousío) ★★

Das **Historische Museum** ist in einem neoklassizistischen
Herrenhaus aus dem letzten Jahrhundert untergebracht und

steht an der Uferpromenade westlich des venezianischen Hafens (Öffnungszeiten: Mo–Fr von 9–15 Uhr, Sa bis 14 Uhr, So geschlossen). Es beherbergt eine interessante Vielfalt von Exponaten aus allen Jahrhunderten kretischer Geschichte aus nachminoischer Zeit bis heute. Im Erdgeschoß befinden sich Drucke und Landkarten aus dem 17. Jh., in den Nebenräumen Waffen und Dokumente des kretischen Freiheitskampfes und seltene religiöse Reliquien und Ikonen. Am Ende des Hauptganges steht die Rekonstruktion einer kleinen mit Fresken geschmückten byzantinischen Kapelle. In einem separaten Raum daneben hängt das einzige auf Kreta befindliche Gemälde des berühmten Malers der Insel, Doménico Theotokópoulos (El Greco – S. 51). Das Bild *Blick auf den Berg Sinai mit dem Katharinenkloster* ist um 1570 entstanden.

Im Kellergeschoß finden Sie einige Skulpturen und Fragmente von Steinmetzarbeiten aus der byzantinischen, venezianischen und türkischen Epoche. Der Neubau im Obergeschoß zeigt eine Ausstellung historischer Fotografien aus der Zeit der deutschen Besatzung sowie Repliken der Arbeitszimmer von zwei berühmten Kretern – Níkos Kazantzákis und dem Politiker Emmanuel Tsouderós, der im Zweiten Weltkrieg griechischer Premierminister war. In der zweiten Etage können Sie eine schöne Sammlung kretischer Webarbeiten, Stickereien und Trachten verschiedener Stilrichtungen bewundern.

PLATÍA EKATERÍNI ★★

Der weiträumige autofreie Platz westlich der Martkstraßen wird von drei Kirchen umschlossen. Beherrscht wird er von der mächtigen **Ágios Minás-Kathedrale**, der größten Kirche Griechenlands. Sie besitzt zwei hohe Glockentürme und eine große Kuppel. Gleich daneben liegt die ursprüngliche kleine **Kirche Ágiou Miná** mit einer wunderschönen golddurchwirkten Ikonostase.

Gegenüber steht die interessanteste der drei Kirchen – die **Agía Ekateríni**. Sie stammt aus dem 16. Jh. und war in diesem und im folgenden Jahrhundert Zentrum für Kunst und Kultur. Die berühmtesten Kunstwerke sind sechs Ikonen von Mihaílis Dhamaskinós.

STILRICHTUNGEN DER IKONENMALEREI

Das Herzstück der Sammlung in der Kirche **Agía Ekateríni** bilden sechs Gemälde von **Mihaílis Dhamaskinós**, einem der größten Ikonenmaler des 16. Jh. Er wurde von der sog. »kretischen Renaissance« beeinflußt, die in der Klosterschule von Agía Ekateríni bis zum Ende der venezianischen Herrschaft blühte. Wahrscheinlich ist er ein **Lehrer von El Greco** gewesen. Zwischen 1577 und 1582 lebte Dhamaskinós in Venedig, Perspektive und Tiefenwirkung vieler seiner Werke zeigen deutlich den italienischen Einfluß. Seine berühmtesten Gemälde in rein byzantinischem Stil stammen aus einer späteren Periode.

Iráklion auf einen Blick

ANREISE

Olympic Airways fliegt mehrmals am Tag (Flugzeit 50 Minuten) nach und von **Athen** (West Terminal). Es gibt außerdem mehrere Flüge in der Woche nach **Rhodos** und mehrere pro Woche nach **Thessaloniki**. Im Sommer fliegen Chartergesellschaften aus Deutschland und anderen europäischen Ländern regelmäßig. Der Flughafen liegt etwa 4 km östlich vom Stadtzentrum. In der Saison, wenn die Chartermaschinen in kurzen Abständen starten und landen, kann der Flughafenbetrieb die vielen Passagiere oft kaum bewältigen. Nach den im Jahr 1995 fertiggestellten Umbauten verbesserte sich die Situation jedoch zusehends.

In der Abfertigungshalle gibt es eine **Wechselstube**, eine Touristen-Information und mehrere Autovermietungen. Die Taxipreise zu Sehenswürdigkeiten überall auf der Insel hängen in der Ankunftshalle aus. Autobus Linie 1 startet von der Haltestelle gegenüber des Flughafengebäudes, die Busse fahren in kurzen Abständen zum Stadtzentrum von Iráklion (Platía Eleftherías).

Die Fähren aus Piräus legen im Osten des Alten Hafens an, von hier verkehren Taxen zum Stadtzentrum, zu Fuß geht man 20 Minuten.

Buslinien aus anderen Teilen Kretas kommen an einem der vier Busbahnhöfe an: Busse aus dem Osten im Bahnhof gegenüber der Fähr-Anlegestelle auf der Odós Sophokles Venizélou; Busse aus dem Westen auf der

Odós Grevenon in der Nähe des Historischen Museums; Linien aus dem Südwesten kommen jenseits der Portá Chaniá an, auf der Odós Piranthou; Linien aus dem Südosten auf der Platía Kiprou, außerhalb der Stadtmauern am Ende der Odós Evans.

VERKEHRSMITTEL

Die meisten Hauptsehenswürdigkeiten, Geschäfte und Restaurants im Stadtzentrum von Iráklion sind zu Fuß erreichbar. **Taxifahren** innerhalb der Stadt ist relativ preisgünstig, versichern Sie sich aber, daß die Uhr läuft, oder vereinbaren Sie vor Fahrtbeginn einen Preis. Die größten Taxistände sind auf der Platía Eleftherías und Platía Venizélou; man kann auch überall ein Taxi heranwinken.

ÜBERNACHTEN

LUXUSHOTELS

Agapi Beach, Ammoudára Tel.: 0 81/25 05 02, Fax: 0 81/25 87 31. Eigener Badestrand, 15 Minuten westlich von Iráklion. Gute Lage, wenn Sie nicht im Stadtzentrum wohnen möchten. Tennis, Swimmingpool. (Kat. A)

Astoria Capsis Hotel, Platía Eleftherías, Tel.: 0 81/34 30 80, Fax: 0 81/22 90 78. Eins der besseren Hotels in Iráklion, zentrale Lage. Versuchen Sie wegen des Verkehrslärms ein Zimmer auf einer der oberen Etagen zu buchen. (Kat. A)

Galaxy, Dimokratias Ave 67, Tel.: 0 81/23 88 12, Fax: 0 81/21 12 11. Komfortable Ausstattung, die Zimmer gruppieren sich um einen Innenhof mit eigenem

Swimmingpool. (Kat. A)
Xenia, Odós Sophokles Venizélou 12, Tel.: 0 81/28 40 00, Fax: 0 81/28 40 04. Eine weitere gute Adresse, ausgezeichnete Lage am Meer. (Kat. A)

MITTELKLASSE

Atrion, Odós Paleológou 9, Tel.: 0 81/22 92 25, Tel.: 0 81/22 32 92. Modern und funktional, komfortable Zimmer. (Kat. B)
Mediterranean, Odós Smirnis, Tel.: 0 81/28 93 31, Fax: 0 81/28 93 35. Eher schlichtes Ambiente, allerdings ziemlich preiswert, recht ruhig und zentral gelegen. (Kat. B)

PREISWERTE UNTERKÜNFTE

Olympic, Platía Kournárou, Tel.: 0 81/28 88 61, Fax: 0 81/22 25 12. Gutes Hotel im Stadtzentrum. (Kat. C)
El Greco, Odós 1821, Tel.: 0 81/28 10 71, Fax: 0 81/28 10 72. Alteingesessenes Hotel, kleine Zimmer, die meisten mit Balkon. (Kat. C)
Daedalos, Odós Dedálou 15, Tel.: 0 81/24 48 12, Fax: 0 81/22 43 91. Direkt auf der Dedálou Straße gelegen (günstig zum Einkaufen), könnte etwas laut werden, dafür sehr preiswert. (Kat. C)
Metropol, Odós Karterou 48, Tel.: 0 81/24 23 30. Einfach, aber geschmackvoll, ruhige Lage in der Nähe der Ágios Minas-Kathedrale. (Kat. C)
Motel Lena, Odós Lahana 10, Tel.: 0 81/22 32 80. Versteckt in einer Seitenstraße, aber nur ein paar Minuten entfernt von der Platía Venizélou. Sauber und komfortabel, preiswert.

Iráklion auf einen Blick

RESTAURANTS, CAFÉS

Ciao, Platía Venizélou, Tel.: 0 81/24 39 58. Geräumige, helle Selbstbedienungs-Caféteria auf zwei Etagen gegenüber des Morosini-Brunnens. Frühstück, Snacks und Pasta auf Bestellung. Gut und preiswert.

Minos, Odós Dedálou 10, Tel.: 0 81/24 48 27. Beliebt bei Einheimischen und Touristen, Spezialitäten wie Lamm in Joghurt.

Ippokambos, Sophokles Venizélou. Geschäftiges Restaurant in der Nähe der 25. Avgoústou, ausgezeichnete und preisgünstige Fischgerichte und Meeresfrüchte-Vorspeisen.

Giovanni, Odós Karai, Tel.: 0 81/24 63 38. Restaurant mit Atmosphäre, versteckt in einer ruhigen Seitenstraße, einige Tische draußen. Große Auswahl an traditionellen griechischen Speisen, vegetarisches Menue.

Loukoulos, Odós Korai, Tel.: 0 81/22 44 35. Italienisches Restaurant mit hübschem kleinen Innenhof (am Tag schattig, nachts mit Kerzenlicht). Leckere Pizza und frische Pasta.

Four Lions, Platía Venizélou, Tel.: 0 81/22 23 33. Großes Dachcafé und Restaurant über dem Morosini-Brunnen, Frühstück, Cocktailstunde und Abendessen, vernünftige Preise.

Ta Leontária und Bougátsa Kirkor: Zwei altmodische Cafés auf der Platía Venizélou, bekannt für ihre Spezialität *bougátsa*, köstliches Cremegebäck, das zu jeder Tageszeit als kleine Leckerei mit Kaffee serviert wird.

AUSFLÜGE

Insel Día: Eine Schiffstour zu dieser kleinen vorgelagerten Insel gehört zu den erholsamsten Ausflügen in der Umgebung von Iráklion. Zu den täglich angebotenen Ausflügen an Bord der *MS Calypso* gehört ein Barbecue am Strand und Zwischenstops zum Schwimmen. Karten in Reisebüros in Iráklion.

Santorini: Die wohl faszinierendste und am meisten fotografierte Insel Griechenlands (vielleicht des ganzen Mittelmeerraumes). Santorini entstand durch einen gewaltigen Vulkanausbruch 1500 v. Chr., bei dem die Hälfte der Insel im Meer versank. Der übriggebliebene Teil bildet einen dramatischen Halbkreis um eine Reihe von schroffen »Kraterinseln«. Auf den steilen Klippen thront der wunderschöne Ort Thira. Per Seilbahn oder Esel werden die Besucher nach oben transportiert, von dort aus bieten sich weitere Ausflugsmöglichkeiten. Die Insel liegt drei Stunden mit dem Schiff entfernt von Iráklion, es gibt tägliche Verbindungen (Abfahrt gegen 7 Uhr, außer Di und So) mit *MTS Artemis, PV John P.* oder *MTS Apollon*. Karten in Reisebüros in Iráklion.

Weitere Ausflüge: Es gibt bestimmt ein halbes Dutzend Tagesausflüge auf Kreta, die man von beinahe jedem Badeort oder jeder Stadt buchen kann – **Knossós**, die **Samariá-Schlucht**, die **Insel Spinalónga**, **Festós** und **Górtys**, die **Lassíthi-Hochebene**, sowie **Sitía** und der **Palmenstrand von Vái.** Empfehlenswerte Reiseagenturen in Iráklion:

Adamis Tours, Odós 25, Avgoústou 23, Tel.: 0 81/24 62 02.

Creta Travel Bureau, Odós Epimenidou 20-22, Tel.: 0 81/22 70 02, Fax: 0 81/22 37 49.

Cretan Holidays, Odós Dedálou 36, Tel.: 0 81/24 21 06, Fax: 0 81/28 06 08.

Marketos Tours, Odós Kournárou 23, Tel.: 0 81/22 21 66, Fax: 0 81/24 01 06.

NÜTZLICHE ADRESSEN

Fremdenverkehrsamt: EOT gegenüber dem Archäologischen Museum (Odós Xanthoulídou 1, Tel.: 0 81/22 82 25, Fax: 0 81/22 60 20), Öffnungszeiten: Mo–Fr 8–14.30 Uhr.

Touristenpolizei: Tel.: 0 81/28 31 90.

Olympic Airways, Platía Eleftherias, Tel.: 0 81/22 91 91, Fax: 0 81/24 56 44.

IRÁKLION	J	F	M	A	M	J	J	A	S	O	N	D
Ø Temperatur °C	12	12	14	17	20	24	26	26	23	20	17	14
Sonnenstunden tägl.	5	5	6	7	10	12	10	10	9	7	5	5
Niederschlag in mm	92	69	54	30	15	3	1	1	19	65	57	81
Regentage	16	14	12	8	5	1	0	0	2	8	11	15

3
Zentral-Kreta

Begrenzt vom Psilorítis-Massiv im Westen und den Lassíthi-Bergen im Osten erstreckt sich Zentralkreta von Iráklion an der Nordküste bis hinab zur fruchtbaren Messará-Ebene und den kargen Ausläufern der Südküste. Da hier eine minoische Ausgrabungsstätte neben der anderen liegt – vom Sommerpalast in Knossós bis zu den südlichen Winterresidenzen der **minoischen Adligen** in **Festós** und **Agía Triáda** – ist es die meistbesuchte kretische Provinz. Nicht weit entfernt von Festós befindet sich ein weiteres archäologisches Kleinod – die Ruinen der römischen Stadt **Górtys**.

In dieser Region befinden sich auch einige der größten und überfülltesten Touristenorte Kretas, wie **Mália** und **Chersónissos** östlich von Iráklion. Im Westen schmiegt sich nur der kleine, aufstrebende Badeort **Agía Pelágia** in eine felsige Bucht. Im Hinterland liegt wieder eine bedeutende minoische Stätte – **Tílissos,** in der Nähe von Fódele, dem vermeintlichen Geburtsort des Malers El Greco, obligatorischer Abstecher für jeden Touristen.

In den Verbindungstälern zwischen Nord- und Südküste legten die Minoer einst die ersten Straßen an. Auf der Reise über diese nunmehr vielbefahrenen Straßen offenbart sich Ihnen immer wieder das alte ländliche Kreta: winzige Kapellen inmitten von Olivenhainen und beschauliche Bergdörfer, in denen sich das Leben im *kafeníon* abspielt.

Die Südküste bietet nur wenige größere Badeorte und zugängliche Strände, eine Ausnahme bildet das rasch wachsende **Mátala** mit herrlichem Sandstrand unterhalb der Sandsteinklippen mit ihren urzeitlichen Höhlen.

SEHENSWERTES

*** Knossós wird gewöhnlich in Verbindung mit dem Besuch des Archäologischen Museums in Iráklion angeboten
*** Festós und **Górtys** auf der **Messará-Ebene** im Süden
** Freilichtmuseum Lychnostasis, Chersónissos
* Die Strände östlich von Mália und südlich von Mátala

Gegenüber: *Konische Säulen im minoischen Palast von Knossós, den Sir Arthur Evans nicht unumstritten, aber eindrucksvoll rekonstruierte.*

KNOSSÓS ***

Da sich in der Hochsaison täglich 4200 Besucher in dem bedeutendsten minoischen Palast tummeln, gehört er mit Sicherheit nicht zu den erholsamsten Orten Kretas. Knossós (Öffnungszeiten: tägl. 8–17 Uhr, in den Sommermonaten von 8-21 Uhr liegt nur 5 km außerhalb von Iráklion. Wenn Sie einigermaßen für sich sein wollen, versuchen Sie am besten, morgens als erster dazuzusein.

Erstaunlicherweise wurde der **Ausgrabungsort** dieses gigantischen Palastes erst am Anfang des 20. Jh. entdeckt. Allerdings hat man seine Existenz schon früher vermutet, und der Archäologe **Heinrich Schliemann** (Entdecker des antiken Troja) hatte bereits 1887 versucht, hier zu graben. Der kretische Archäologe **Mínos Kalokairinós** hatte auf dem Grundstück bereits einige Vorratskrüge freigelegt, und Schliemann vermutete unter dem kleinen Hügel eine ausgedehnte Palastanlage. Jedoch konnte er das Land nicht kaufen, und so kam ein junger Engländer namens **Arthur Evans** zu dem Ruhm der Entdeckung von Knossós.

Evans hatte Schliemanns Spekulationen mit großem Interesse verfolgt, und nach dessen Tod im Jahr 1890 reiste er zu Kaufverhandlungen nach Kreta. Nach mehr als fünf Jahren hartnäckigem Feilschen mit den türkischen Eigentümern hatte er endlich Erfolg, und am 23. März 1900 fing Evans mit den Grabungen an. Innerhalb eines Monats lag der Thronsaal frei, und Evans benannte die neu entdeckte Zivilisation großzügig »minoisch«, nach dem großen König

Rechts: Rebhuhn-Fresko aus der Karawanserei in Knossós. Die herrlich leuchtenden Farben der auf feuchten Putz aufgetragenen minoischen Wandmalereien gewann man aus Pflanzen, Eisenoxid und anderen Mineralstoffen.

Órmos Fódele · Akr. Stavrós · Día · **KRETISCHES MEER** (Kritikó Pélagos) · N

Balí · 90 · Agía Pelayía · Pérama · KOULOÚKONAS · Geburtsort von El Greco · Fódele · Rodia · Kolpós Irákliou · **IRÁKLION** · Burg · Ámmoúdhára · Rema · Goúrnes · Liménas Hersónissou · Kolpós Máliá · Kalóros 1125m · Axós · Tílissos · Eliá · Chersónissos · Pirgia · Máliá · 90 · BERG IDA (PSILORÍTIS) · Anóyia · Goniés · Knossós · Knossós · Goúrnes-Höhle · 580m · Mochlós · Platánia · NIDA-EBENE · Voutes · Mirtia (Kazantzakis-Museum) · Smári · Seléna · Idéon Ándron (Idäische Höhle) · Koudoúni · Archánes · Moni Angarátthon (Kloster) · Kastélli Pediádas · Lyttós · 1559m · Mávri 1981m · 1860m · Moni Vrontisiou (Kloster) · Houdétsi (Kloster) · Thrapsanó · Tzermiádho · Plátanos · Zarós · **Nomós Irákliou** · Agía Varvára · Arkalohóri · Dikti-Höhle · Agía Galíni · Moni Kardiotissa (Kloster) · Laráni · Teféli · Káto Poúlia · Garipa · Virgiomeno 1414m · Aféndis Christós · DÍKTI · Timbáki · Agía Triáda · Palast von Festós · Vóri · Míres · Ag. Déka · Ruinen von Gortys · 97 · Burg · Ligórtinos · Mártha · 2141m · Ano Viánnos · 97 · MESSARÁ EBENE · Plátanos · Assimi · Hárakas · Dhemáti · Kalámi · Höhle · Mátala · Moni Odigitrias (Kloster) · Moni Apezanón (Kloster) · Vassiliká · Pirgos · Ahendriás · Tsoútsouros · Árvi · Akr. Sidonia · Harkokefála · 375m · Vigla 685m · ASTEROÚSSIA · Kófinas · 969m · Órmos Tsoúsourous · 0 · 10 km · Kali Liménes · Léndas · 1231m · Tris Ekklissiés · 0 · 5 Meilen · Akr. Líthino · Akr. Kefálas

Minos, der diesen eleganten Thron für sich beansprucht haben soll.

Die umstrittenste Ausgrabung in all den Jahren, die Evans dort machte, löste die teilweise Rekonstruktion einiger Palastgebäude aus. Obwohl dies nur den ohnehin großartigen Eindruck des Palastes verstärkte, rief es unter Archäologen heftige Debatten hervor. Heutzutage wäre ein solcher Eingriff in eine so bedeutende Ausgrabungsstätte undenkbar. Aus diesem Grund halten es manche Leute für einen Glücksfall, daß der unbeirrbare Evans sich damals durchsetzen konnte.

Da man für den ursprünglichen Palast Holz im Überfluß verwandt hatte – nicht nur als Balken und Dachsparren, sondern auch für unzählige Stützpfeiler, mußte Evans große Teile von Knossós neu »erfinden«. Zudem drohte der gesamte Komplex bei der Ausgrabung einzustürzen. Erst ver-

Unten: *Bronzebüste von Sir Arthur Evans, der den Palast von Knossós freilegte.*

DAS MINOISCHE LABYRINTH

Offenbar findet sich das sa-
genumwobene **Labyrinth
des Minotaurus** (S. 17) im
Grundriß des Palastes von
Knossós wieder: Die vielen
engen, dunklen Gänge, die
hinauf, hinunter und im Kreis
führenden Treppen, die zwischen den 1200 Räumen ver-
steckten Innenhöfe legen dies
nahe. Ob nun der Minotaurus
hier gefangengehalten wurde
oder nicht – als die Griechen
nach der Zerstörung den
Palast erforschten, fanden sie
viele, in die Wände eingeritzte
Doppeläxte (labrys).
Möglicherweise liegt hier der
Ursprung für den Begriff
»Labyrinth«.

suchte es Evans auch mit Holz,
Backsteinen und Steinen, schließlich
griff er zu Stahlbeton als einfachster
und billigster Lösung. Er baute ein
Dach über dem **Thronsaal**, rekonstruierte das **Große Treppenhaus** und den
Zentralhof und beauftragte französi-
sche Maler mit dem Kopieren der
Fresken (die Originale hatte man bereits in das Museum von Iráklion geschafft). Auch das Obergeschoß oder
Piano Nobile wurde von Evans neu gestaltet. Es ist jedoch fraglich, ob es jemals so ausgesehen hat.

Knossós: Rundgang

Auf den ersten Blick wirkt Knossós
überwaltigend und in seiner Komplexi-
tät wie ein riesiges Labyrinth. Wenn Sie
ohne festes Ziel nur so herumschlen-
dern wollen, tun Sie es – die meisten Höhepunkte können
Sie sowieso kaum verfehlen, orientieren Sie sich einfach daran, wo die geführten Gruppen stehenbleiben.

Beim Eintritt begrüßt Sie als erstes eine Büste von Sir
Arthur Evans, die friedlich über den **Westhof** blickt. Dieser
diente wahrscheinlich als Marktplatz oder sogar als
Schauplatz feierlicher Kulthandlungen, da ihn etwas erhöhte Wege durchziehen, die zum **Prozessionskorridor** führen.
Hier zierten einst Fresken die Wände, mehr als 500 Figuren
in feierlicher Prozession (wie bei den meisten Fresken in
Knossós handelt es sich auch bei diesen um Kopien). Am
Ende des Korridors biegt man nach links ab zum **Süd-
propylon**, dem ehemaligen Südeingang des Palastes mit
Fresken von Kultgefäßträgern und typisch sich nach unten
verjüngenden Säulen. Über eine breite Treppe gelangt man
in das von Evans benannte **Piano Nobile**, einem
Obergeschoß mit großen Räumen und schönem Blick über
die gewaltigen Magazine des Palastes mit den riesigen *pithoi*
(Vorratskrügen aus Ton), einige sind sogar unbeschädigt.

Von der erhöhten Piano-Nobile-Terrasse steigen Sie hinab in den **Zentralhof**, den Mittelpunkt des Palastes. Man nimmt an, daß hier die Stiersprung-Wettbewerbe stattfanden und vielleicht auch andere Wettkämpfe. An der Nordwestecke des Hofs finden Sie den faszinierendsten Raum, den **Thronsaal**. In diesem bemerkenswert kleinen Gemach steht der **Originalthron des Minos**, rechts und links befinden sich Bänke für die Priester, gegenüber ein Kultbad (für rituelle Waschungen). Der eigentliche Saal ist heute eingezäunt, man kann jedoch einen Blick hineinwerfen oder sich für ein Foto – wie die meisten Besucher – auf die hölzerne Thronnachbildung im Vorraum setzen. Gegenüber des Zentralhofes führt das Große Treppenhaus hinauf zu den Königlichen Gemächern im Ostflügel. Obwohl Teile

Gegenüber: *Die Vorratskammer des Palastes: Die langgestreckten Magazine enthielten Dutzende der riesigen Tonkrüge, den* pithoi.

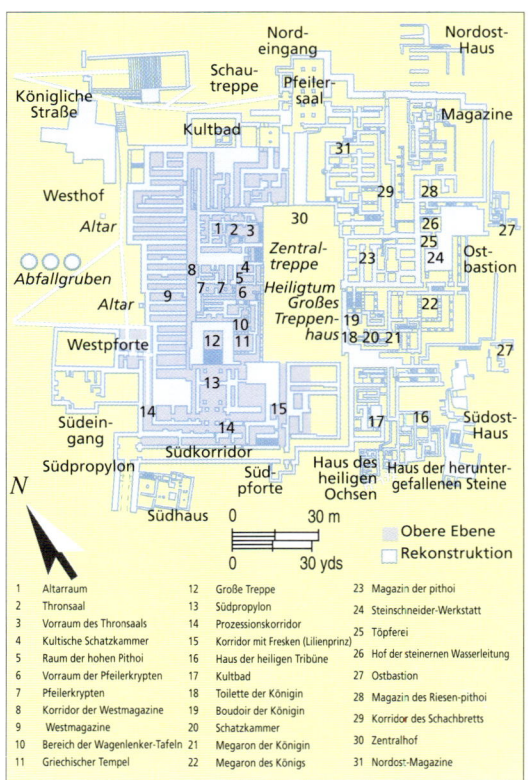

1	Altarraum	
2	Thronsaal	
3	Vorraum des Thronsaals	
4	Kultische Schatzkammer	
5	Raum der hohen Pithoi	
6	Vorraum der Pfeilerkrypten	
7	Pfeilerkrypten	
8	Korridor der Westmagazine	
9	Westmagazine	
10	Bereich der Wagenlenker-Tafeln	
11	Griechischer Tempel	
12	Große Treppe	
13	Südpropylon	
14	Prozessionskorridor	
15	Korridor mit Fresken (Lilienprinz)	
16	Haus der heiligen Tribüne	
17	Kultbad	
18	Toilette der Königin	
19	Boudoir der Königin	
20	Schatzkammer	
21	Megaron der Königin	
22	Megaron des Königs	
23	Magazin der pithoi	
24	Steinschneider-Werkstatt	
25	Töpferei	
26	Hof der steinernen Wasserleitung	
27	Ostbastion	
28	Magazin der Riesen-pithoi	
29	Korridor des Schachbretts	
30	Zentralhof	
31	Nordost-Magazine	

ALTE UND NEUE PALÄSTE

Die meisten freigelegten Ruinen in Knossós gehören zum sogenannten **Neuen Palast**. Der erste Palast wurde hier um 2000 v. Chr. erbaut, jedoch um 1700 v. Chr. durch ein Erdbeben zerstört (ebenso wie die Paläste in Festós und Mália). Hundert Jahre später in der Blütezeit der minoischen Zivilisation baute man Knossós wieder auf. Rings um den Palast erstreckte sich eine große Stadt (mit möglicherweise 10 000 Einwohnern), an der nahegelegenen Küste lagen zwei Häfen. Im Jahr 1450 v. Chr. löschte eine mysteriöse Katastrophe den Neuen Palast und die Stadt fast völlig aus.

Unten: Agía Pelágia schmiegt sich in eine Bucht mit ruhigem klaren Wasser – ideal zum Schwimmen und für Wassersport.

dieses Flügels wegen Reparaturarbeiten geschlossen sind, erhalten Sie eine Vorstellung davon, wie der Lichtschacht (typisch für minoische Bauweise) Helligkeit in die unteren Ebenen brachte.

Die Säulenhalle am Fuß der Treppe führt in die **Halle der Doppeläxte** und zu dem sog. **Megaron des Königs**. Durch einen kleinen Gang gelangt man in einen der schönsten Räume von Knossós, dem Megaron der **Königin**. Die Entdeckung des berühmten Delphinfreskos veranlaßte Evans zu der Annahme, daß dieser »weibliche« Raum das Gemach der Königin gewesen sein muß. Anderen Meinungen zufolge sollen die königlichen Räume tatsächlich in den weitläufigeren Sälen der oberen, helleren Etage liegen. Ein winziges Zimmer nebenan besitzt sogar eine Toilette mit Wasserspülung, deren Kanalisationsröhren zum Fluß führen.

Einen weiteren Beleg für das grandiose minoische Kanalisationssystem kann man im Freien weiter nördlich sehen, hier sind die Rohre so konstruiert, daß sie auf keinen Fall verschlammen oder Überschwemmungen verursachen können. Nördlich der königlichen Räume, unterhalb des sog. **Theaters**, liegen auch die **Werkstätten des Palastes**, in denen Töpfer und Goldschmiede arbeiteten. Vom Palast aus führte die **Königliche Straße** (sie war gepflastert, damit die Wagen bequem fahren konnten) bis zum **Hafen von Amnissos**.

WESTLICH VON IRÁKLION
Agía Pelágia *

Im Westen der Hauptstadt windet sich die neue Straße (New Road) über die Hügel und bietet phantastische Ausblicke zurück auf die Bucht von Iráklion mit den dahinterliegenden Bergen. Hinter der ersten Landzunge verläuft eine 3 km lange Straße hinunter zum einla-

denden Badeort **Agía Pelágia** in einer glitzernden blauen Meeresbucht. Agía Pelagía wird von zwei eleganten Hotels dominiert, dem Peninsula und Capsis Beach. Den schmalen Sandstrand säumen Tavernen und Bars, die alle so dicht am Wasser stehen, daß Sie bei Flut barfuß von einem zum anderen hüpfen müssen.

Fódele **

Fódele gilt als Geburtsort von **El Greco** und profitiert seit Jahrzehnten von diesem Ruf – obwohl jüngeren Forschungen zufolge El Greco eher in Iráklion geboren sein soll. Auf jeden Fall ist es ein hübsches Örtchen mit Cafés am Flußufer unter schattigen Platanen und einer großen Auswahl an Souvenir- und Kunsthandwerksläden. An den Maler erinnern eine Büste auf dem Dorfplatz und eine Kupferplakette von der Universität Toledo aus dem Jahr 1934. Ein kleiner Spaziergang führt Sie aus dem Dorf heraus zu einem alten Haus, in dem El Greco angeblich geboren wurde.

Tílissos *

In **Tílissos**, einem großen Bauerndorf inmitten ausgedehnter Weinberge, wurden drei sehenswerte **minoische Villen** freigelegt. Die Ruinen zählen zu den allerersten archäologischen Fundstätten Kretas.

Vom Ortszentrum aus sind die unter ausladenden Pinien wunderschön gelegenen Villen zu Fuß in drei Minuten zu erreichen (Öffnungszeiten: tägl. 8.45–15 Uhr, Mo geschlossen). In früheren Zeiten waren sie Teil einer größeren Stadt, die in der Jüngeren Palastzeit ihre Blütezeit erlebte. Nach dem Betreten von **Haus A** befinden Sie sich in einem von Säulen umgebenen Innenhof mit zwei großen Vorratsräumen auf der nördlichen Seite: Beachten Sie die Löcher zum Ölabzapfen unten an den pithoi. Unterhalb liegen ein weiterer Raum mit Kultbad und eine Krypta, in der man drei riesige Bronzewannen fand.

Von **Haus B** ist nicht mehr viel übrig, dafür stehen von **Haus C** noch die Wände, und Sie können sich mehrere Räume ansehen (z. B. Kultraum, Magazin und Herrschaftsquartiere), bevor Sie draußen einen Blick auf die Zisterne und den Steinaltar an der Nordseite werfen.

EL GRECO

Der Maler Doménicos Theotokópoulos, bekannt als **El Greco**, wurde um 1540 geboren. Mit 25 Jahren verließ er Kreta, um in **Venedig** bei Tizian zu lernen. Im Jahr 1577 ging er nach Toledo in Spanien, wo er sich den Ruf eines der größten Maler des spanischen Barocks erwarb. Bis zu seinem Tod im Jahr 1614 blieb er in **Toledo** und kehrte nie wieder nach Kreta zurück.

Ein römischer Hafen

Zu griechisch-römischer Zeit war **Chersónissos** ein blühender Hafen. Im seichten Wasser hinter der Landzunge am Westende der Bucht erkennt man noch heute Reste der **historischen Hafenanlage**. Inmitten von Souvenirläden und Tavernen an der Uferpromenade finden Sie einen restaurierten römischen **Mosaikbrunnen** mit Fischerszenen in Form einer Pyramide.

Das leuchtende Licht

Der Name des Freilichtmuseums »**Lychnostasis**« ist das griechische Wort für eine Öllampe (*lychnos*), die im Freien an einer Stange (*stasis*) aufgehängt wird. Diese alte Beleuchtungsmethode dient dem Museum als Symbol – es sieht sich in der Rolle eines Fackelträgers, der das »**Licht der Traditionen**« verbreitet«.

Östlich von Iráklion
Chersónissos **

Chersónissos, erster größerer **Badeort** an der Nordküste, liegt 27 km östlich von Iráklion. Er besitzt einen langen Sand/Kieselstrand und ein breitgefächertes Angebot an Hotels, Restaurants und Tavernen, außerdem zahlreiche Bars und Diskotheken – am Abend lebt Chersónissos erst richtig auf. Kein Ort für jemanden, der Ruhe und stille Nächte sucht. Es gibt jede Menge Strandaktivitäten und **Wassersport** – vom Bananaboat bis Surfen und Wasserski. Hinter den Tavernen an der Strandpromenade reihen sich modische Boutiquen und Juweliergeschäfte aneinander. Am Ostende des Ortes ist immer viel los, der Star Waterpark bietet Ihnen Grottenabenteuer, Jetbootfahren und Parasailing (Öffnungszeiten: tägl. 8–18 Uhr). Letzter Schrei ist der Aquasplash Waterpark in den Hügeln hinter dem Ort (Öffnungszeiten: tägl. 10–17 Uhr); mit dem Auto brauchen Sie 10 Minuten. Im Eintrittspreis enthalten sind die unbegrenzte Nutzung von drei riesigen Wasserrutschen, Tunnel- und Kinderrutschbahnen und etlichen Swimmingpools.

Kretisches Freilichtmuseum Lychnostasis **

Das interessante neue Museum sollte jeder Reisende in dieser Region ins Programm aufnehmen. Das **Lychnostasis Museum** liegt nur 1 km von Chersónissos entfernt (Öffnungszeiten: Di-So 9.30–14 Uhr, Mo geschlossen). Es ist ein »lebendiges Museum«, in dem Sie viel über die traditionelle kretische Kultur lernen können. Die geführte Besichtigung (im Eintrittspreis enthalten) bringt Sie zuerst in den Garten. Hier können Sie inmitten von duftenden Kräutern und Blumen die unterschiedlichsten Früchte probieren. Im Anschluß daran besichtigen Sie ein altes kretisches Haus, dessen Räume in typisch kretischer Einrichtung gestaltet sind, sowie in der Etage darüber Werkstätten, in denen gewebt und mit Naturstoffen gefärbt wird. Danach gehen Sie zu einer Hirtenunterkunft, einem Dreschplatz und einer alten Windmühle. Am Strand gibt es außerdem eine winzige weißgekalkte Kapelle und ein Café, in dem Sie hausgemachte Weine und Früchtetees kosten können. Jeden Samstag um 21.00 Uhr finden griechische Tänze und eine Dia-Show statt.

Mália *

»Nach der Wiege der Zivilisation – eine Party!« verkünden die Reiseprospekte. In **Mália** gibt es das **heißeste Nacht-leben** der Insel und Amüsement ohne Ende. Der Badeort liegt 34 km östlich von Iráklion und übertrifft an Größe und Rummel sogar noch Chersónissos. Hier treffen sich vor allem gleichgesinnte junge Leute auf der Suche nach Sonne und viel Spaß.

Als einer der ältesten Badeorte der Insel hat sich Mália um einen langen Sandstrand herum ausgebreitet, auf dem man gewöhnlich den Kater der letzten Nacht ausschläft. Für diejenigen, die sich noch aufraffen können, gibt es allerlei Wassersportaktivitäten, allerdings wacht Mália erst bei Sonnenuntergang auf und läuft erst nach Mitternacht auf Hochtouren: Mehr als 30 Diskotheken und Musikbars bieten Non-Stop-Unterhaltung.

Aber Mália hat auch eine andere Seite – hier wurde einer der vier großartigsten **minoischen Paläste** ausgegraben. Der Palast von Mália (Öffnungszeiten: Di-So 8.30–17 Uhr, Mo geschlossen) liegt gleich im Osten des Badeortes, 3 km den Strand entlang. Er besitzt im großen und ganzen denselben Grundriß wie die anderen Paläste: Vier Flügel gruppieren sich um einen Zentralhof.

Man betritt die Ausgrabungsstätte über den **Westhof**, dessen erhöhte Prozessionswege nach Süden zu einer Gruppe großer runder Silos führen (wahrscheinlich für Ge-

FLUCHT VOR DEN MASSEN

An den Badestränden in **Mália** herrscht oft ziemlicher Rummel. Wenn Sie ein ruhigeres Fleckchen suchen, fahren Sie am besten zu den Sanddünen am östlichen Ende des Badeortes, gleich westlich des **Palastes von Mália**. Hier gibt es einen schönen Sandstrand, der wegen seiner Sauberkeit bereits mit einem Preis ausgezeichnet wurde. Auf der anderen Seite der Straße steht nur eine Taverne, in der Sie Erfrischungen und einfache Mahlzeiten bekommen: zu Fuß ca. 40 Minuten.

Links: *Chersónissos, einst römischer Hafen und heute aufstrebender Badeort, ist tagsüber ruhiger als in der Nacht.*

Rechts: *In Mália, dem drittgrößten minoischen Palast in reizvoller Lage zwischen Meer und Lassíthi-Bergen, soll der legendäre König Sarpedon gewohnt haben.*

treide). In entgegengesetzter Richtung weisen die Wege zum Nordhof, diesen umgeben Pfeiler, die vielleicht einmal die Küche gewesen sind.

Im darüberliegenden Stockwerk befand sich vermutlich die **Bankethalle des Königs**. Ganz in der Nähe liegen die königlichen Gemächer mit einem für minoische Paläste typischen rituellen Kultbad. In den Magazinen steht ein Paar gewaltige, verzierte *pithoi*. Der **Zentralhof** ist kleiner als in Knossós und Festós und weist in der Mitte eine Vertiefung auf, die vielleicht einmal als Altar für Brandopfer diente. Auf der Ostseite liegt ein langer **Säulengang**, dahinter ein weiteres Magazin.

Mirtía *

Das kleine Bauerndorf in 12 km Entfernung von Iráklion würde den Abstecher nicht lohnen, wäre dort nicht **Níkos Kazantzákis** geboren, den man auf Kreta als größten einheimischen Dichter verehrt.

Im Ortszentrum steht das eher bescheidene **Kazantzákis-Museum** (Öffnungszeiten: tägl. 9–16 Uhr, So u. Do geschlossen), dessen Inneres von einem außergewöhnlichen Mann Zeugnis ablegt. Wenn man die unzähligen Manuskripte, Briefe, Tagebücher und fremdsprachigen Editionen seiner Werke sieht, ahnt man, welch einzigartige Begabung hier am Werk war. Ein Dia-Vortrag (in Englisch oder Griechisch) informiert über wichtige Stationen im ereignisreichen Leben des Dichters. Sehr lohnenswert.

FESTÓS, GÓRTYS UND DIE SÜDKÜSTE

Mátala ★★★

Mátala in einer hufeisenförmigen Bucht, von der aus man herrliche Sonnenuntergänge beobachten kann, wurde als erstes von Hippies entdeckt, die in die Höhlen in den Klippen am Nordrand der Bucht einzogen. Heutzutage ist es ein turbulenter Touristenort mit jugendlichen Besuchern, und obwohl es ziemlich bevölkert ist, zählt es zu den empfehlenswerten Badeorten der Insel. Zudem lassen sich von Mátala aus bequem nahegelegene Ausgrabungen wie **Festós**, **Ágía Tríada** und **Górtys** erreichen.

Der Ort breitet sich zunehmend auf der Südseite der Bucht aus, und an der Zufahrtstraße im Tal sprießen Hotels aus dem Boden. Hinter dem Strand gibt es zahlreiche Tavernen und Restaurants, außerdem eine kleine **Basargasse** gleich an der Hauptstraße mit kretischem Kunsthandwerk.

Die **Höhlen** (nur noch tagsüber geöffnet) sind alle von Hand gegraben, wahrscheinlich dienten sie als frühe christliche oder römische Grabstätten. Aus dem weichen Sandstein hat man Torbögen und Fenster geformt, in vielen Höhlen auch Betten und Bänke. Die Hippies aus den sechziger Jahren sind längst verschwunden, und doch sieht man hin und wieder am Eingang einer Höhle einen meditierenden Bärtigen in wallendem Gewand. Wenn Ihnen auf dem Hauptstrand zuviel Trubel herrscht, können Sie über die Felsen hinüber zum meist einsamen **Kokkino-Strand** oder Red Beach mit ausgezeichneten Bademöglichkeiten klettern.

Links: *Den weichen Sandsteinfelsen in der Bucht von Mátala durchziehen uralte, von Menschenhand geschaffene Höhlen, die im Lauf der Jahrhunderte die unterschiedlichsten Einwohner beherbergten – zuletzt in den sechziger Jahren eine Hippie-Kolonie. Die Höhlen sind heute eingezäunt und nur tagsüber zugänglich.*

Festós ***

Von allen minoischen Palästen rühmt sich der **Palast von Festós** (Öffnungszeiten: tägl. von 8–17 Uhr, im Sommer von 8–19 Uhr) des beeindruckendsten Standortes. Von einem Plateau über der weiten **Messará-Ebene** blickt man schier endlos nach Osten über das fruchtbare Ackerland und nach Norden auf die hochaufragenden Berghänge des Psilorítis.

Als Kretas zweitgrößter Palast nach Knossós zeigt Festós viele Gemeinsamkeiten in Grundriß und Architektur. Anders als in Knossós findet man jedoch keine phantasievollen Rekonstruktionen; hier haben die Archäologen lediglich Fundamente und Mauerreste freigelegt.

Festós wurde um 1900 v. Chr. erbaut und (wie alle anderen Paläste) im Jahr 1700 v. Chr. zerstört. Der aus den Bauresten erstandene neue Palast wurde bewohnt, bis ihn eine Katastrophe im Jahr 1450 wieder in Schutt und Asche

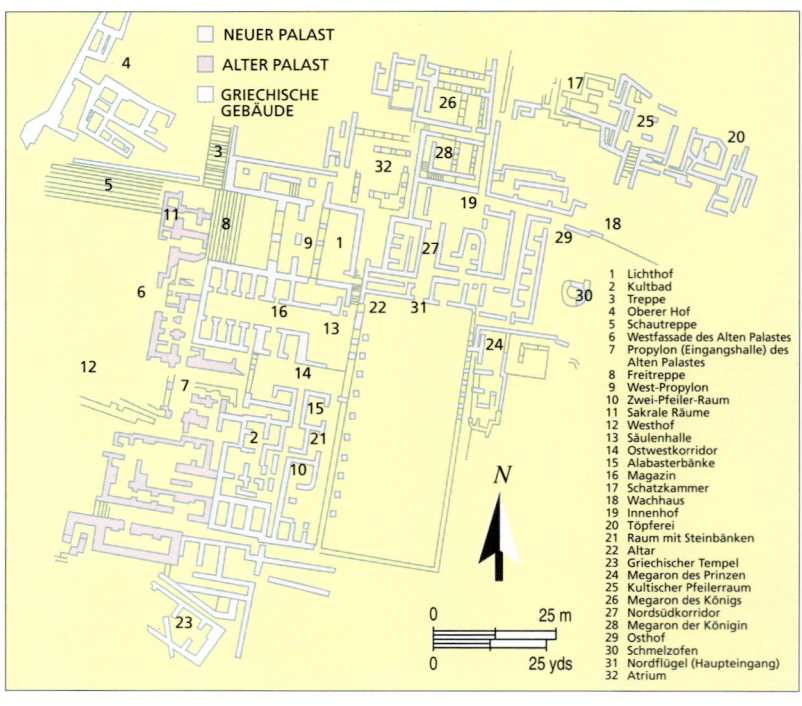

NEUER PALAST
ALTER PALAST
GRIECHISCHE GEBÄUDE

1 Lichthof
2 Kultbad
3 Treppe
4 Oberer Hof
5 Schautreppe
6 Westfassade des Alten Palastes
7 Propylon (Eingangshalle) des Alten Palastes
8 Freitreppe
9 West-Propylon
10 Zwei-Pfeiler-Raum
11 Sakrale Räume
12 Westhof
13 Säulenhalle
14 Ostwestkorridor
15 Alabasterbänke
16 Magazin
17 Schatzkammer
18 Wachhaus
19 Innenhof
20 Töpferei
21 Raum mit Steinbänken
22 Altar
23 Griechischer Tempel
24 Megaron des Prinzen
25 Kultischer Pfeilerraum
26 Megaron des Königs
27 Nordsüdkorridor
28 Megaron der Königin
29 Osthof
30 Schmelzofen
31 Nordflügel (Haupteingang)
32 Atrium

N

0   25 m
0   25 yds

Links: *Die eindrucksvolle Freitreppe im Palast von Festós. Ihre zwölf Stufen messen 14 Meter in der Breite und sind zum Teil direkt in den Fels geschlagen.*

legte. Man hat Teile sowohl des alten als auch des neuen Palastes zutage gefördert, deshalb ist der Rundgang über das Gelände ziemlich verwirrend. Allerdings gelten hier dieselben Grundprinzipien der anderen Paläste.

Sie betreten die Stätte direkt unterhalb des Touristenpavillons und steigen dann hinauf zum **oberen** Hof, der zum **Westhof** und **Theater** führt. Teil des Theaterbereiches (als Sitzgelegenheit) bildet eine markante achtstufige **Schautreppe**, die geschickterweise mit konvexen Stufen ausgestattet wurde – in der Mitte gewölbt und nach jeder Seite hin abgeflacht, um den Gesamteindruck noch zu verstärken. Die große **Freitreppe** mit zwölf Stufen führt zum Westeingang des **Neuen Palastes** und einigen scheinbar recht engen Räumen über den Magazinen des Alten Palastes.

Als nächstes gelangen Sie zu dem prachtvollen **Zentralhof** mit herrlichem Panoramablick. In der nordwestlichen Ecke fällt ein seltsames Podest mit zwei Stufen ins Auge. Vielleicht setzten bei den Stierspielen von hier aus die Artisten zum Sprung auf den Stier an, um ihn bei den Hörnern zu packen. Im **Nordflügel** liegen die königlichen Gemächer mit den gleichen Lichtschächten, wie sie auch in Knossós gefunden wurden. Auch ohne zierende Fresken müssen die Räume des Königs und der Königin mit ihren Wandtäfelungen und Böden aus feinstem Alabaster ausgesprochen prunkvoll ausgesehen haben. An die Säle schließt sich das Becken für kultische Waschungen an.

FRUCHTBARE EBENE

Über der weiten **Messará-Ebene**, einem der ertragreichsten Landwirtschaftsgebiete Kretas, thronte der Palast von Festós, dessen Bewohnern es sicherlich nie an Nahrungsmitteln mangelte. Im Schutz des Psilorítis-Massivs im Norden, der Díkti-Berge im Osten und des Asteroússia-Gebirges im Süden erhält die Messará-Ebene Wasser von zwei großen Flüssen – dem Geropótamos und dem Anapodáris. Nach der Erschließung im Neolithikum entwickelte sich das Plateau zum ökonomischen Zentrum der Insel. Später, als die Römer am nördlichen Rand die Hauptstadt **Górtys** errichteten, zogen sie Nutzen aus den fruchtbaren Böden. Heute gedeihen auf der Messará-Ebene Oliven, Gemüse, Früchte (wie Ananas, Bananen und Kiwi) und sogar Kaffee. Der Boden ist so fruchtbar, daß hier angeblich die Wildblumen größer und höher wachsen als anderswo auf Kreta.

Oben: *Die Schnittervase aus Agía Triáda zeigt eine fröhliche Prozession von Bauern und Musikanten bei der Heimkehr von den Feldern.*

Weiter nordöstlich erreichen Sie die **Werkstätten** des Palastes sowie die **Schatzkammer**, in welcher der berühmte **Diskus von Festós** gefunden wurde (heute im Archäologischen Museum in Iráklion).

Agía Triáda **

Auf der anderen Seite des Hügels, 3 km von Festós entfernt, liegt **Agía Triáda** (Öffnungszeiten: tägl. 8.30–15 Uhr), eine weitere Sehenswürdigkeit mit Aussicht auf die Flußniederung des Geropótamos.

Ágia Triáda wurde irgendwann nach dem ersten Palast von Festós errichtet und birgt immer noch viele Rätsel: Es folgt nicht dem üblichen Muster der minoischen Paläste und wirft die Frage auf, warum ausgerechnet in unmittelbarer Nähe von Festós ein weiterer Palast gebaut wurde. Handelte es sich wohl um den Landsitz eines Prinzen oder Adligen oder besaß es religiöse Bedeutsamkeit?

Vom Wärterhäuschen aus steigen Sie hinab in den großen **Südhof**, von hier aus erschließt sich am besten der L-förmig angelegte Komplex des **Nord- und Westflügels**. Auf einem Hügel im Süden steht die kleine byzantinische Kapelle Ágios Geórgios mit Fragmenten schöner Fresken.

Im inneren Winkel der L-Form liegen einige der interessantesten Räume, darunter ein Innenraum mit guterhaltener Wandtäfelung und ein Schlafzimmer mit einem Gipspodest in der Mitte.

Im Norden der Palastanlage befinden sich die Reste einer **Wohnsiedlung** mit acht identischen Läden: einziges bekanntes Beispiel eines **minoischen Marktes**. Außerhalb des Geländes liegt die **Nekropole**.

Vóri ***

Unbedingt sehenswert ist das großartige **Ethnologische Museum** in der Dorfmitte (Öffnungszeiten: tägl. geöffnet von 10–18 Uhr). Es beherbergt eine herausragende Sammlung jahrhundertealter traditioneller Werkzeuge und Dinge des täglichen Gebrauchs. Alle Objekte sind vorbildlich präsentiert. Neben der umfangreichen Kollektion an Webarbeiten finden Sie traditionelle Töpferwaren, Haushaltsgeräte, alte Waffen, Musikinstrumente, altes Bauernwerk-

---

BERÜHMTE FUNDE

Welchem Zweck **Agía Triáda** auch immer gedient haben mochte – seine Bedeutung ist unumstritten, seitdem hier einige der kostbarsten **minoischen Kunstwerke** Kretas zutage gefördert wurden – darunter so berühmte **Steatitgefäße** wie die Schnittervase und der Prinzenbecher (zu besichtigen in Saal VII im Museum in Iráklion), das ungewöhnliche **Fresko** einer Wildkatze, die einen Fasan belauert, und der vollständig bemalte **Kalksteinsarkophag** (Saal XIV).

zeug und viele Raritäten. Für seine hervorragend gestaltete und überaus interessante Sammlung wurde das Museum 1992 vom Europarat ausgezeichnet. Es sollte bei einer Fahrt nach Festós unbedingt eingeplant werden.

Górtys ***

Unmittelbar vor der **Stadt Ágii Déka** auf der Messará-Ebene erstrecken sich die **Ruinen von Górtys** (Öffnungszeiten: tägl. 8–17 Uhr). Sie sind zur Abwechslung einmal keine minoische Stätte. Ursprünglich befand es sich im Besitz der Dorer, später gewann es unter den Römern an Bedeutung und wurde zur Hauptstadt nicht nur der Insel Kreta, sondern der Provinz Kyrenaika, die Ägypten und Teile Nordafrikas umfaßte.

Der bedeutendste Teil liegt innerhalb einer Umzäunung nördlich der Straße. Als erstes fällt der Blick auf die große **Ágios-Títos-Basilika**. Von dieser Kreuzkuppelkirche stehen nur noch die östliche Apsis und zwei Neben-Apsiden. Man kann sich den Umriß der eindrucksvollen Kirche aber gut vorstellen. Weiter gelangt man zum Odeon, einer halbrunden Theateranlage mit Marmorboden und Marmorsitzreihen. Im Hintergrund des Theaters sind die berühmten **Gesetzestexte von Górtys** in eine von den Römern errichtete Mauer eingraviert.

Górtys war dereinst eine reiche Stadt; überall in den Olivenhainen südlich der Hauptstraße und unterhalb der Hügel lassen sich noch verstreute Überreste entdecken.

Zentral-Kreta auf einen Blick

ANREISE

Flug- und Schiffsverbindungen nach Iráklion finden Sie auf S. 42. Fahrtzeiten zu den Badeorten: **Agía Pelágia**, 30 Min.; Chersónissos 45 Min.; **Mália**, 1 Std.; **Mátala** 1 Std. 45 Min.

VERKEHRSMITTEL

Auf der neuen Straße (New Road) nach Iráklion verkehren regelmäßig Buslinien aus den Badeorten an der Nordküste. Wenn Sie an der Nordküste wohnen, müssen Sie nach Iráklion fahren, um einen Bus mit Ziel in Zentralkreta zu erreichen. Nach **Knossós** fährt der Bus von der Platía Venizélou im Zentrum von Iráklion 20 Min. (Buslinie 2 verkehrt alle 10 Min.) Vom Busbahnhof am Chaniá-Tor fahren auch Busse nach **Fódele** und **Tílissos**. **Mirtía** erreichen Sie am besten mit dem Mietwagen. Es gibt außerdem 6 Busverbindungen täglich von Iráklion nach **Mátala**. Nach **Górtys** fahren Sie von Iráklion aus mit dem Bus erst nach **Míres** und steigen für die letzten 6 km dort um. **Festós** wird täglich von Iráklion aus von 9 Bussen angefahren, und nach **Agía Triáda** brauchen Sie von Festós aus zu Fuß 40 Min. Auch ohne Mietwagen können Sie diese drei Ausgrabungsstätten überall als Tagesausflug buchen (s. Ausflüge).
Autovermietungen in **Chersónissos: Eurorent**, Odós Venizélou 177 und 216, Tel.: 08 97/2 43 70, **Car Plan**, Odós Venizélou 143, Tel.: 08 97/2 45 97 und **Zákros Cars**, Odós

Venizélou, Tel.: 08 97/2 21 37.
Autovermietungen in Mália: Sunny Holidays, Odós 25 Martiou 9, Tel.: 08 97/3 19 13. **Mália Cars**, Tel.: 08 97/3 12 85 oder **Skyline**, Odós Venizélou 83, Tel.: 08 97/3 17 15.

ÜBERNACHTEN

Agía Pelágia
LUXUSKLASSE
Capsis Beach Hotel, 71 500 Agía Pelágia, Tel.: 0 81/81 12 12, Fax: 0 81/81 10 76. Herrliche Anlage mit Bungalows in liebevoll angelegter Parklandschaft, 2 Pools und jede Art Wassersportmöglichkeit, außerdem Open-Air-Theater. (Kat. A)
Peninsula Hotel, Postfach 1215, 711 10 Iráklion, Tel.: 0 81/81 13 13, Fax: 0 81/81 12 91. Kleiner als das Capsis, aber auch in schöner Lage mit eigenem kleinen Strand. Pool, Wassersport, Tennis. (Kat. A)
Alexander House, Postfach 1392, 71 500 Agía Pelágia, Tel.: 0 81/81 13 03, Fax: 0 81/81 13 81. Fast im Ortszentrum, modernes Hotel mit außergewöhnlichem Komfort. (Kat. A)
MITTELKLASSE
Hotel Panorama, Postfach 1356, 71 500 Agía Pelágia, Tel.: 0 81/8110 02, Fax: 0 81/81 12 73. Auf den Hügeln oberhalb des Ortes mit wunderbarem Blick über die Bucht. Pool, einfache Zimmer und ziemlich beschwerlicher Weg zum Strand. (Kat. B)
Chersónissos
LUXUSKLASSE
Creta Maris, 70014 Chersónissos, Tel.: 08 97/

2 21 15, Fax: 08 97/2 21 30. Am westlichen (dem schöneren) Abschnitt des Strandes gelegen, vereint es kretische Architektur mit luxuriöser Ausstattung. Pool, Tennis, Wassersport.
Knossós Royal Village, 70014 Chersónissos, Tel.: 08 97/2 33 75, Fax: 08 97/2 31 50. Direkt am Strand mit zwei riesigen Swimmingpools, Wasserfall und -rutsche. Ausgezeichnete Sport- und Wassersportmöglichkeiten. (de Luxe)
Silver Maris, 70014 Chersónissos, Tel.: 08 97/2 28 50, Fax: 08 97/2 14 04. Attraktiver Komplex um einen großen Pool, eigener Strand, Wassersport, Tennis. (Kat. A)
MITTELKLASSE
Golden Beach, 70014 Chersónissos, Tel.: 08 97/2 23 68, Fax: 08 97/2 30 91. Gutgeführtes Hotel mitten im Strandleben. Pool auf der Dachterrasse, Strandbar, Wassersport (Kat. B).
Sun Marine, 70014 Chersónissos, Tel.: 08 97/2 46 23. Freundliches Strandhotel, preiswerte Zimmer. (Kat. B)
Maria Apartments, 71004 Chersónissos, Tel.: 08 97/2 25 80. Familienbetrieb, großzügige Apartments mit Pool, 400 m zum Strand. (Kat. B)
Preiswerte Unterkünfte
Hotel Iro, 71004 Chersónissos, Tel.: 08 97/2 21 36. Im Zentrum von Chersónissos, (Kat. C).
Mália
LUXUSKLASSE
Grecotel Mália Park, 70007 Mália, Tel.: 08 97/3 14 61, Fax: 08 97/3 14 60.

Zentral-Kreta auf einen Blick

1,5 km außerhalb von Mália, Bungalows in schöner Grünanlage am Rand des Strandes. Das Hotel bietet Komfort und das gewöhnlich hohe Niveau der Grecotel-Gruppe (Kat. A)

Sunny' Beach, 70007 Mália, Tel.: 08 97/3 19 84. An einem der schönsten Strandabschnitte, 1,8 km bis zum Ortszentrum. Kein Pool. (Kat. A)

MITTELKLASSE

Hotel Triton, 70007 Mália, Tel.: 08 97/3 22 10. Modernes, freundliches Hotel in Zentrumsnähe, trotzdem einigermaßen ruhig. Pool. (Kat. B)

PREISWERTE UNTERKÜNFTE

Hotel Mália, 70007 Mália, Tel.: 08 97/3 12 06, Fax: 08 97/3 15 65. 800 m bis zum Strand, ruhig und doch zentral gelegen. Zimmer in großem Komplex mit Blick auf den Pool. (Kat. C)

Hotel Frixos, 70007 Mália, Tel.: 08 97/3 19 41. 1,5 km bis zum Strand, gut geführtes Hotel mit nett eingerichteten Zimmern. Pool. (Kat. C)

Pension Aspasia, 70007 Mália, Tel.: 08 97/3 12 90. Etablierte, freundliche Pension gleich außerhalb der Altstadt. Sauber und preiswert. (Kat. C)

Mátala

MITTELKLASSE

Orion, 70200 Mátala, Tel.: 08 92/4 21 29. Stilvolles kleines Hotel im Tal hinter Mátala; sehr friedliche Atmosphäre. Pool. (Kat. B)

PREISWERTE UNTERKÜNFTE

Hotel Zafiria, 70200 Mátala, Tel.: 08 92/4 51 12, 4 53 66. Mitten im Trubel, komfortabel und preiswert. (Kat. C)

Niko´s, 70200 Mátala, Tel.: 08 92/4 53 75, Fax: 08 92/4 51 20. Im Zentrum am Weg zum Red Beach. (Kat. C)

RESTAURANTS, CAFÉS

Chersónissos

La Fontanina, Odós Georgiou Petraki, Tel.: 08 97/2 22 09. Leckere Pizza und Pasta gleich an der Hauptstraße.

Sokaki, Odós Evagelistias 10, Tel.: 08 97/2 39 72. Taverne mit kretischen Spezialitäten zu angemessenen Preisen.

La Pergola, Odós Georgiou Petráki 11, Tel.: 08 97/2 37 38. Beliebte Taverne in einer Seitenstraße, Spezialität: kretische Gerichte und Grillgerichte.

New China Restaurant, Odós Georgiou Petráki, Tel.: 08 97/2 30 25. Geschäftiges chinesisches Restaurant mit großer Auswahl.

Mália

Old House Tavern, Odós Arkadiou 25, Tel.: 08 97/3 21 28. Eins der besten Restaurants in der Altstadt; hübscher begrünter Innenhof, griechische und internationale Speisekarte.

Petros, ein stimmungsvolles Restaurant in der Nähe der Platía Agios Dimitri in der Altstadt, bekannt für Steaks und Fisch.

Romantic Raphael, in der Nähe der Platía Ágios Dimítri. Ruhiges Restaurant mit Terrasse und Garten, u. a. Spezialitäten aus Asien, vom Grill und griechische Küche.

San Georgio, Tel.: 08 97/3 22 11. Inmitten der Altstadt gelegen, erhöhte Terrasse umrahmt von Bougainvillea. Familienbetrieb, traditionelle griechische Küche.

AUSFLÜGE

In Mália und Chersónissos bieten zahlreiche Reisebüros Ausflüge nach **Samariá**, **Iráklion** und **Knossós**, **Ágios Nikólaos** und **Spinalónga** an sowie zum »südlichen Dreieck« **Festós**, **Górtys** und **Mátala**. Empfehlenswerte Agenturen sind u. a. **Kourkounis Tours**, Tel.: 08 97/2 46 65, **Selena Tours**, Tel.: 08 97/3 33 16 und **Zákros Tours**, Tel.: 08 97/2 21 37. **Aquamarine Tours**, Tel.: 08 97/3 22 59, **Schiffstouren** (u.a. nach **Móchlos** und zu den Inseln **Sisi**, **Psíra** und **Día**). Ein Preis- und Angebotsvergleich lohnt sich.

NÜTZLICHE ADRESSEN

Fremdenverkehrsbüro, Odós Eleftherías 19, Chersónissos, Tel.: 08 97/2 21 37.

Südküste	J	F	M	A	M	J	J	A	S	O	N	D
Ø Temperatur °C	13	13	14	17	21	25	28	28	25	21	18	15
Sonnenstunden tägl.	5	5	7	11	11	12	13	12	10	8	6	5
Niederschlag in mm	109	78	50	23	11	1	0	0	16	44	60	113
Regentage	13	11	8	5	3	0	0	0	5	5	7	13

4
Ost-Kreta

Wie ein Riegel schiebt sich das Díkti-Gebirge zwischen das schmale östliche Ende der Insel und Zentral-Kreta. Größter und beliebtester Badeort ist **Ágios Nikólaos** an der Nordküste im Schutz des traumhaft schönen **Golfs von Mirabéllo**. Obwohl Ágios Nikólaos Anfang des Jahrhunderts Hauptstadt der Präfektur Lassíthi wurde, blieb es ein recht verschlafenes Nest – bis zu den sechziger Jahren, als der internationale Tourismus Einzug hielt. Seitdem entwickelt es sich ständig weiter.

Fast alle lohnenden Ausflugsziele in dieser Region lassen sich von Ágios Nikólaos aus bequem erreichen: die faszinierenden Ruinen auf der **Insel Spinalónga**, die außergewöhnliche Landschaft der **Lassíthi-Ebene** und die herrlichen Fresken in der Kirche **Panagía Kerá**. Und sollten Sie als Basisquartier einen weniger lauten Ferienort bevorzugen, bieten sich viele Möglichkeiten.

Die malerische Küstenstraße östlich von Ágios Nikólaos führt Sie zu dem historischen Hafen von **Sitía**, idealer Ausgangsort für Fahrten zu den Stränden in der Nähe (z.B. zum **Palmenstrand von Vái**) und den traditionellen kretischen Dörfern an der äußersten Ostküste. Auch diesem Teil Kretas mangelt es nicht an minoischen Ausgrabungsstätten; besonders sehenswert ist der **Palast von Zákros** am östlichen Rand der Insel.

Charakteristisch für die Südküste, zu der man von **Gourniá** aus mühelos über die engste Stelle Kretas gelangt, sind die sich kilometerweit hinter den Stränden erstreckenden Gewächshäuser. Größter Touristenort ist die Stadt **Ierápetra** (einer der heißesten Orte Kretas).

SEHENSWERTES

*** Ein Ausflug zur **Lassíthi-Hochebene**
*** Mit dem Schiff zur **Insel Spinalónga**
** Die Fresken in der **Panagía Kerá**
** Mittagessen am Strand von **Káto Zákros**
* Webarbeiten in **Kritsá**

Gegenüber: *Wie Girlanden hängen im Bergdorf Kritsá bestickte Tücher, Tischdecken und Webarbeiten vor den Haustüren.*

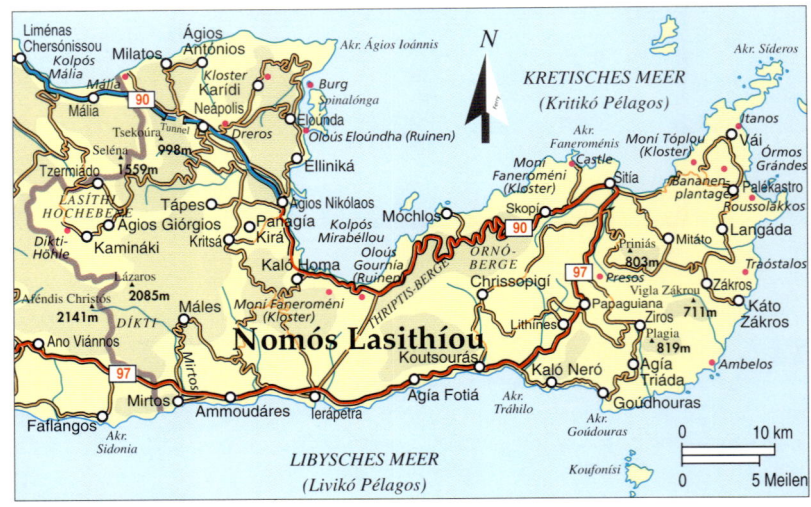

ÁGIOS NIKOLAOS ★★★

Das zu den ältesten Badeorten Kretas zählende Ágios Nikólaos zieht wegen seiner phantastischen Lage im **Golf** von **Mirabéllo** seit Jahrzehnten Besucher in seinen Bann. Der Ort selbst liegt auf einer kleinen, hügeligen Halbinsel; zu seinen Hauptattraktionen gehört das pittoreske Beieinander von **Voulisméni-See** und Altem Hafen. Die unzähligen Restaurants, Hotels und Läden rings um den See, den Hafen und entlang des Strandes runden das Bild eines der geschäftigsten und lebendigsten Touristenzentren Kretas ab.

Mittelpunkt des Ortes bildet der von steilen Klippen und Grünanlagen umgebene Voulisméni-See. Ein von den Türken um 1870 erbauter Kanal verbindet ihn mit dem Hafen. An der Rückseite des Sees führt ein Pfad den Felsen hinauf, oben genießen Sie den Ausblick auf den See und die Dächer von Ágios Nikólaos.

Hinter der Hauptgeschäftsstraße am Seeufer verlaufen zwei schattige Alleen (**Koundoúrou Roússou** und **28 Octovríou**) mit schönen Souvenirgeschäften. Beide Straßen münden in die Platía Venizélou. Auf dem Platz steht ein Mahnmal zur Erinnerung an die 400 Bürger, die 1943 von den Deutschen erschossen wurden. Ein Stück weiter finden Sie den Busbahnhof und den größten Ortsstrand.

WO GEHT´S ZUM STRAND?

Ágios Nikólaos ist bekannt für sein Nachtleben, nicht für seine Strände. Sie liegen größtenteils außerhalb des Ortes.
• Im Ort selbst kann man in der kleinen **Bucht Kitroplatía**, hinter der Landzunge auf der anderen Seite des Hafens, baden.
• Gegenüber der Bushaltestelle gibt es einen kleinen Sandstrand, der allerdings ziemlich überfüllt ist.
• Am besten gehen Sie Richtung Süden zum Gemeindestrand in **Almirós** – einem saubereren Sandstrand – entweder über einen 2 km langen Pfad entlang der Küste oder über die Straße.

An der Westseite des Hafens führt die Uferpromenade um eine kleine Bucht und weiter nach **Eloúnda** (S. 68). Entlang der Küste stehen einige der teureren Hotelanlagen, deren Bungalows sich in Olivenhainen und Bougainvillea-Ranken verstecken.

Archäologisches Museum **

Vom See aus steigen Sie die Odós Konstantínou Paleológou hinauf zum **Archäologischen Museum** (Öffnungszeiten: Di-So 8.30–15 Uhr, Mo geschlossen). Es beherbergt einen wahren Schatz an minoischen (und anderen) Ausgrabungsfunden aus Ost-Kreta. Gewöhnlich ist das großzügig angelegte, helle Museum nicht überfüllt, und Sie können sich ungestört umsehen.

Die Räume folgen einer weitgehend chronologischen Reihenfolge:

In **Raum I** sind zahlreiche frühe minoische Funde ausgestellt. **Raum II** zeigt interessante Figurinen, besondere Beachtung verdient die Göttin von Mírtos, ein Keramikgefäß in Form einer weiblichen Gestalt. In **Raum III** stehen eine Reihe verzierter Tonsarkophage (*larnakes*) und eine Schiefervase in Form einer Tritonschnecke. **Raum IV** beherbergt ein weiteres ungewöhnliches Objekt – ein Tonpithos (Gefäß) als Sarg für ein Kind: er wurde (mit dem Skelett) unverändert vom Ausgrabungsort zum Museum transportiert und ist genauso ausgestellt, wie er gefunden wurde.

Tierfiguren und Figurinen aus Ton in **Raum V** vervollständigen die Ausstellung minoischer Funde. Die **Räume VI** und **VII** sind griechischen und römischen Ausgrabungsobjekten gewidmet: Das Prunkstück dieser Dokumentation ist ein Totenschädel mit einem Kranz feiner Olivenblätter aus Gold und einer Silbermünze im Mund. Man hatte den Toten offenbar mit beidem bestattet.

Unten: *Der pittoreske Voulisméni-See im Herzen von Ágios Nikólaos.*

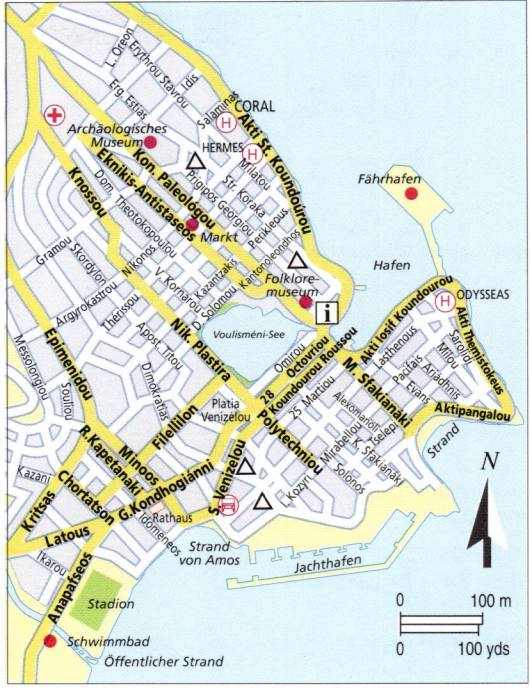

Folklore-Museum **

Das Folklore-Museum (Öffnungszeiten: tägl. von 10.30 –13.30 Uhr und 18 – 21.30 Uhr, Sa geschlossen) liegt direkt neben der Touristeninformation und verfügt über eine erlesene, durchaus sehenswerte Kunsthandwerk-Ausstellung.

Diverse Fotos zeigen das historische Ágios Nikólaos vor seiner touristischen Erschließung. Daneben erzählen viele interessante Objekte aus den umliegenden Dörfern Geschichten von vergangenen Jahrhunderten. Zu den schönsten Ausstellungsstücken gehören herrliche Webarbeiten und Stickereien aus der Region.

Panagía Kerá bei Kritsá **

Umgeben von Zypressen steht das hübsche weißgekalkte Kirchlein in einem Olivenhain. Im Innern finden Sie einige der am besten erhaltenen byzantinischen Fresken Kretas (Öffnungszeiten: tägl. von 19.15–15 Uhr, So 9–14 Uhr).

Die Fresken stammen aus dem 13. und 14. Jh.; die ältesten entdeckte man im Mittelschiff der Kirche. Die Kuppel zieren biblische Szenen in traditionellem byzantinischen Stil. Im gewölbten Dach, bei der Darstellung des *Letzten Abendmahls* ist ein besonders grimmig blickender Judas zu sehen. Die Malereien im Südschiff künden vom Leben der Heiligen Anna, der Mutter Marias; die im Mittelschiff vom Lebensweg Marias. Hier wirken die Bilder viel lebendiger, die Gesichter sind ausdrucksstark und voller Dramatik. Im Nordschiff finden sich eindrucksvolle Malereien mit Szenen aus dem *Jüngsten Gericht*.

FÜR FRÜHAUFSTEHER

Die eindrucksvollen Fresken von **Panagía Kerá** verdienen es, in allen Einzelheiten betrachtet zu werden. Am besten besuchen Sie die Kirche frühmorgens, später am Tag fallen die Besichtigungstouren ein. Am Souvenir-Kiosk vor der Tür können Sie detaillierte Lektüre zur Geschichte der kretischen Kirche und den Fresken erwerben: Panagía Kerá: *Byzantine Wall Paintings at Kritsa*, Borboudakis Verlag.

LATO *

Kurz vor Kritsá biegt eine beschilderte Straße nach rechts ab und schlängelt sich hinauf zu einem Felssattel hoch über der Ebene. Hier liegt die dorische **Ausgrabungsstätte** von **Lató** (Öffnungszeiten: tägl. von 8.30–15 Uhr). Nach dem Aufstieg vom Eingangstor aus gelangen Sie zu einem von meterdicken Mauern umgebenen Innenhof und den Resten eines Theaters, einer Vielzahl von Heiligtümern und den Räumen der *archontes*, der antiken Stadtverwaltung. Zwischen den Ruinen zweier Wachtürme führt eine ausladende Schautreppe hinauf zu einer Terrasse, von dort bietet sich dem Besucher ein spektakulärer Blick auf die **Díkti-Berge** und auf Ágios Nikólaos.

Kritsá *

Dieser große, am Berghang gelegene Ort mit seinem malerischen Panorama hat enorm von der Nähe der **Panagía Kerá** profitiert. Viele Tagestouristen auf dem Weg zur Kirche legen hier eine Pause ein. Überall auf der langen kurvenreichen Hauptstraße hängen vor den Hauseingängen Webarbeiten und Stickereien, und wenn Sie beharrlich feilschen, können Sie Teppiche, Tischwäsche und Schals günstig kaufen. Auch Keramik und Lederwaren sind oft billiger als in Ágios Nikólaos. Ungefähr auf halber Höhe der Dorfstraße gibt es einen kleinen schattigen Platz, wo Sie sich vom Handeln erholen können.

> **ECHTHEITSGARANTIE**
>
> Kritsá war schon immer wegen seiner **Webereien** berühmt, heutzutage orientieren sich viele Dessins jedoch am Geschmack der Mehrheit. Ein altes Stück erkennen Sie an den geometrischen Mustern oder den natürlichen Wollfarben Braun, Beige oder Grau, wobei die Unregelmäßigkeiten der Wolle wunderschöne Effekte erzielen.

Links: *Das Mittelschiff der schönen byzantinischen Kirche Panagía Kerá stammt aus der Mitte des 13. Jh., ebenso die ältesten der wundervollen Fresken im Innern.*

DIE VERSUNKENE STADT

Schon Homer erwähnte die große Stadt **Oloús**, deren Tempel Zeus und Britomartis geweiht waren. Der Hafen gehörte zu den wichtigsten Ost-Kretas. Niemand weiß genau, wann er im Meer versank. Wahrscheinlich geschah es irgendwann nach dem 2. Jh. v. Chr. Damals drückten Bewegungen der Erdkruste ganze Teile der Ostküste unter den Meeresspiegel, zur selben Zeit hob sich ein Teil der Westküste mehrere Meter aus dem Wasser.

Eloúnda *

Auch Eloúnda im nördlichen Teil des Golfs von Mirabéllo, 8 km nördlich von Ágios Nikólaos entfernt, hat sich in den letzten Jahren rasch zum aufstrebenden Touristenort entwickelt. Obwohl er weniger populär ist als der Nachbarort Ágios Nikólaos, gibt es in der Nähe einige Luxushotels, die besonders bei einigen griechischen Politikern sehr beliebt sind.

Den Mittelpunkt bildet ein großer Fischereihafen, den auf drei Seiten Tavernen, Läden und Hotels säumen; an einer Seite des Hafens erstreckt sich ein Sand/Kieselstrand mit Wassersportmöglichkeiten. Die Hafenbucht liegt dank der nach Norden herausragenden **Halbinsel Spinalónga** gut geschützt. Um diese von der gleichnamigen Insel Spinalónga zu unterscheiden, heißt sie im Volksmund »das große Spinalónga« (S. 69).

Von Eloúnda führt ein schmaler Damm hinüber zur Halbinsel; wegen einiger interessanter Sehenswürdigkeiten ist diese durchaus einen Spaziergang wert. Auf beiden Seiten des Damms sieht man Reste von venezianischen Salinen, hin und wieder auch einen kleinen Strand.

Direkt hinter der schmalen Brücke zur Halbinsel steht eine alte Windmühle, rechts davon liegen ein beliebter Badestrand und eine kleine Taverne. Gleich dahinter befindet sich das Fußbodenmosaik einer frühchristlichen Basilika mit guterhaltenen Delphinen, Fischen und Blumen. Früher gehörte die Kirche zur alten Stadt **Oloús**; weiter rechts sehen Sie noch Spuren des alten, im Meer versunkenen Hafens. Auf den Felsen an diesem Ende der Halbinsel kann man sich ungestört in der Sonne ausstrecken.

Die Insel Spinalónga ***

Die felsige Insel erstreckt sich mächtig vor dem Zugang zur Bucht von Eloúnda und bildet eine natürliche Bastion, auf deren Höhen die Venezianer im Jahr 1579 eine fast uneinnehmbare Festung errichteten. Mit seinen 35 Kanonen hielt sich die Festung weitere 40 Jahre, nachdem das übrige Kreta schon in die Hände der Türken gefallen war. Erst im Jahr 1714 fand die vertragliche Übergabe statt. Im 19. Jh. siedelten sich hier einige türkische Familien an, deren Nachkommen jedoch im Jahr 1903 wegziehen mußten, weil die kretische Regierung die Insel zur Leprastation erklärte.

Ihre Attraktivität verdankt die Insel nicht zuletzt seiner gruseligen Vergangenheit. Täglich wird sie von zahlreichen Touristenbooten angesteuert (zumeist von Ágios Nikólaos). Natürlich besteht keine Infektionsgefahr, und ein Besuch auf **Spinalónga** ist längst nicht so furchterregend, wie man annehmen könnte. Allerdings erinnern die Ruinen der ehemaligen Leprakolonie in ergreifender Weise an das Leid der Bewohner und ihr tapferes Erdulden der Krankheit in jenen finsteren Zeiten, als es noch kein Medikament dagegen gab.

DIE ALTE LEPRAKOLONIE

Anfänglich hatte man an die 400 kretische Leprakranke zusammen mit Landsleuten aus anderen Teilen Griechenlands nach Spinalónga geschafft. Sie bauten die alten venezianischen und türkischen Häuser wieder auf, legten Gärten an und hielten Ziegen und Hühner. Auch die alten Zisternen wurden repariert, und mit der Zeit entstand ein richtiges kleines Dorf mit Kirche, Tavernen und Läden. 1937 baute man ein Krankenhaus, und erst im Jahr 1957 wurde die Kolonie aufgelöst.

DIE LASSÍTHI-HOCHEBENE ***

Unzählige Abbildungen auf Postkarten und in Reiseprospekten machten die weißen Segel der Windräder auf der **Lassíthi-Ebene** zum Symbol für fast ganz Kreta. Heutzutage stehen nur noch wenige Windräder; lediglich vor einigen Tavernen findet man sie noch als Touristenattraktion.

Links: *Die mächtigen Festungsanlagen auf der Insel Spinalónga wurden im 16. Jh. von den Venezianern zur Verteidigung gegen die Türken erbaut.*
Gegenüber: *Sonne und Schatten im malerischen Kontrast an der Küste bei Eloúnda.*

Trotzdem quälen sich für einen Tagesausflug zur Lassíthi weiterhin zahllose Busse und Mietwagen die kurvenreiche Bergstraße hinauf – und tatsächlich ist das Hochplateau auch ohne Windräder eine Reise wert. Allein die Landschaft ist beeindruckend: eine riesige kreisrunde Ebene, flach wie ein Pfannkuchen, umgeben vom steilen **Díkti-Massiv** und nur über zwei Pässe erreichbar.

Nach Überquerung der Berge erstreckt sich das Hochplateau vor dem Reisenden wie ein Königreich in Miniaturformat – um den Flickenteppich der Felder im Zentrum scharen sich kleine Dörfer. Auch die **Díkti-Höhle** (S. 71) ist eine lohnende Sehenswürdigkeit.

Dank des fruchtbaren Bodens und der natürlichen unterirdischen Wasservorräte blüht auf der 60 km² großen Ebene seit Jahrhunderten die Landwirtschaft, hier gedeiht fast alles: vor allem Äpfel, Birnen, Weizen, Kartoffeln und sonstiges Gemüse. Früher pumpten mehr als 10 000 Windräder mit weißen Segeln das Wasser auf die Felder, heutzutage bevorzugen die Bauern dieselbetriebene Pumpen.

Von der Paßhöhe aus erkennt man leicht, daß das ganze Gebiet eine natürliche Festung bildet. Die Kreter haben sich diese Tatsache oft zunutze gemacht – im 13. Jh. flüchteten sie vor den Venezianern hierher und im 19. Jh. vor den Türken.

Wenn Sie die Route von Mália nach Lassíthi nehmen, kommen Sie über den **Paß von Ambélou** (1046 Meter), der

---

DIE GEBURT DES ZEUS

Als Rea Zeus in der **Díkti-Höhle** versteckte, um ihn vor dem Schicksal, vom eigenen Vater gefressen zu werden (S. 16), zu bewahren, schützte sie ihn, indem sie die Koureter ihre Trommeln schlagen ließ, wenn er schrie. Als Zeus später Weltherrscher wurde, traf er sich hier, um seinem Sohn Minos zum König zu erziehen.

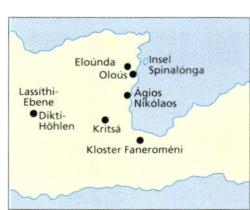

beiderseits der Straße von den Ruinen einiger steinerner Windmühlen beherrscht wird: ehemaligen Getreidemühlen, die so plaziert waren, daß sie den beständigen starken Nordwind (*meltémi*) ausnutzen konnten.

Auf dem Weg hinab zur Hochebene führt die Straße nach rechts durch eine Reihe von Dörfern und erreicht schließlich **Psychró**. Hier weist ein Schild den Weg zur **Díkti-Höhle** (Öffnungszeiten: tägl. von 10–17 Uhr).

Da hier der Geburtsort von **Zeus** sein soll, ist sie die berühmteste Höhle der Insel. Der Weg durch einen Eichenwald hinauf zum Höhleneingang ist nicht allzu schwierig (zu Fuß 20 Minuten; wenn Sie nicht laufen wollen, können Sie sich einen Esel mieten). Die Stufen hinab in die schwarze Tiefe der Höhle sind manchmal recht schlüpfrig – besonders nach dem Regen. Man braucht nicht unbedingt einen Führer, allerdings werden Sie ohne eigene Taschenlampe jemanden zu schätzen wissen, der eine besitzt.

Die 70 m tiefe Grotte ist tatsächlich überwältigend, und inmitten all der Stalaktiten und Stalagmiten kann man sich gut in die Mythen und Legenden versetzen, die sich um diesen Ort ranken.

Weiter hinter Psychró gelangen Sie nach Ágios Geórgios, einem kleinen Dorf mit einem netten **Volkskundemuseum** (nur im Sommer tägl. von 10–16 Uhr geöffnet). Das Museum wurde in einem Dorfhaus aus dem 19. Jh. eingerichtet und vermittelt einen interessanten Einblick in die kretische Lebensweise des letzten Jahrhunderts.

Zum Schluß bringt Sie die Straße nach **Tzermiádon**, der »Hauptstadt« der Lassíthi-Ebene. Hier gibt es neben zahlreichen Kunsthandwerkläden auch Tavernen und Cafés.

Kloster Faneroméni *

Von Ágios Nikólaos südostwärts steigt die Straße allmählich an, der Blick fällt zurück über den Golf von Mirabéllo bis Spinalónga. Auf der Wegstrecke liegen einige reizvolle Haltepunkte, Grund genug für einen netten Ausflug mit abschließendem Meeresfrüchte-Essen im winzigen Hafen von Móchlos am anderen Ende des Golfs. Weit davor, 16 km hinter Ágios Nikólaos weist ein Schild nach rechts den Weg

Gegenüber: *Lassíthi ist berühmt für seine Windräder. Früher pumpten Tausende das Wasser aus unterirdischen Speichern in die Höhe.*

GRUNDWASSER

Jedes Jahr im Frühjahr wird die **Lassíthi-Ebene** regelmäßig vom Schmelzwasser aus den umliegenden Bergen versorgt. Oft ist das ganze Plateau überflutet, nur noch Bäume und Windräder ragen aus dem Wasser. Durch Felsspalten hindurch sickert das Wasser in riesige unterirdische Speicher im Kalkstein. Früher pumpten die Windräder im Sommer dieses Wasser zur Berieselung wieder hoch. In den letzten zwanzig Jahren hat man die meisten Windräder durch leistungsfähigere Pumpen ersetzt, u. a. als Reaktion auf den fallenden Grundwasserspiegel. Außerdem entstand im Süden ein großes oberirdisches Reservoir.

DIE VERLORENE STADT

Der ursprüngliche Name der minoischen Stadt **Gourniá** ist längst vom Sand der Zeit verweht. Man nimmt an, daß der Ort von frühester Bronzezeit an bewohnt war. Arthur Evans vermutete etwas ganz Besonderes an dieser Stelle. Durchgeführt wurde die Ausgrabung allerdings von der jungen amerikanischen Archäologin Harriet Boyd Hawes (1901–1904).

zum Kloster Faneroméni. Man erreicht es nach 6 km vorsichtig zu befahrender Schotterpiste. Der phantastische Ausblick entschädigt für alle Strapazen – wie ein Adlernest hockt das einsame Kloster auf einer Felskante hoch über **Kaló Chorió**, tief unten der **Golf von Mirabéllo**.

Das Kloster ist um eine kleine Eremitengrotte gebaut, in der man im 15. Jh. eine Ikone der Heiligen Jungfrau fand. Die winzige Grotten-Kapelle zieren beeindruckende Fresken aus dieser Zeit. Gegen ein kleines Entgelt schließt Ihnen der Wärter gern die Kapelle auf. Es gibt allerdings kein elektrisches Licht, und die Fresken sind im Kerzenschein kaum zu erkennen – am besten bringen Sie eine Taschenlampe mit!

GOURNIÁ **

Nach dem Abstieg vom Kloster finden Sie ein Stück weiter auf der Straße ein Hinweisschild zur archäologischen Stätte von **Gourniá** (Öffnungszeiten: tägl. 8.30–15 Uhr, Mo geschlossen).

Sie gehört zu den aufschlußreichsten **Ausgrabungsorten** auf Kreta. Die gepflasterten Gassen und Überreste der Häuser sind noch gut erhalten, und anders als bei den gewaltigen Palastanlagen brauchen Sie hier nicht viel Phantasie, um sich das Ganze in voller Blüte vorstellen zu können. Die kleine minoische Stadt hat vieles gemeinsam mit einem kretischen Bergdorf der Gegenwart.

Unten: Das Kloster Faneroméni hoch über der Ebene bietet neben interessanten Fresken eine phantastische Aussicht auf das Meer.

Vermutlich erstreckte sich die Stadt einmal bis hinunter zum Meer. Hier gefundene Angelhaken, Messer, Töpfe, Bronzewerkzeuge und andere Gebrauchsgegenstände lassen darauf schließen, daß Gourniá einmal eine geschäftige Siedlung war, nicht zuletzt wegen der geographischen Lage. Von hier bis zur Südküste nach **Ierápetra** sind es über Land nur 12 km – die Alternative wäre eine recht abenteuerliche Seefahrt um den gesamten Ostzipfel der Insel.

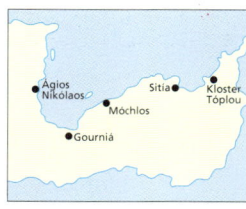

Links: *Blick auf den wunderschönen Golf von Mirabéllo von den Hügeln über der Bucht von Ístro.*

Obwohl die Überreste der Häuser heute nur noch bis Schulterhöhe reichen, besaßen die meisten damals eine über Holz- oder Steintreppen erreichbare zweite Etage. Die Zimmer erscheinen winzig, wahrscheinlich weil man nur die Räume im Erdgeschoß sieht. Auf dem höchsten Punkt des Hügels befindet sich ein großer Hof, an seine Nordseite schließen sich die Palasträume an. Ganz in der Nähe steht ein kleines Heiligtum, bei dem man etliche Kultobjekte (u.a. Terracotta-Göttinnen und Schlangendarstellungen) ausgegraben hat.

Móchlos *

Etwa 10 km nach Gourniá passieren Sie in **Plátanos** einen Aussichtspunkt und erreichen dann das Dorf **Sfáka**, 40 km hinter Ágios Nikólaos. An einer scharfen Linkskurve im Ort steht der Wegweiser nach Móchlos (6 km).

Móchlos ist ein winziger **Fischerort** mit wenigen Hotels, einer Handvoll »rent rooms«, und zwei oder drei Tavernen mit Blick aufs Meer. In dieser friedlichen, zurückgezogenen Gemeinde gehört das müßige Sitzen in der Taverne oder das Sonnenbad auf den Felsen zu den Hauptaktivitäten (daran ändert auch die Hotelanlage in der Bucht nichts). Ein

---

DIE INSEL PSÍRA

Ganz in Küstennähe von Móchlos liegt das Inselchen **Psíra:** Man kann hinüberschwimmen oder sich von einem Fischerboot bringen lassen. Auf der Südseite steht eine winzige weißgekalkte Kapelle. Die früher durch einen Damm mit dem Festland verbundene Insel war eine wichtige minoische Siedlung. In **Grabstätten**, die in den Klippen auf der Westseite angelegt waren, entdeckte man die bedeutendsten Funde. Im Jahr 1908 stieß man auf prunkvollen Schmuck, Siegelsteine und Steingefäße.

paar Fischerboote sorgen dafür, daß genügend Hummer, Fisch und andere Meeresfrüche die Besucher bei Laune halten. Zur bekanntesten Taverne am Kiesstrand im Westen des Ortes geht man zu Fuß in nur fünf Minuten.

SITÍA UND DER ÄUßERE OSTEN ★★

Als östlichster Hafen Kretas ist **Sitía** der ideale Ausgangspunkt für Exkursionen in die letzten Winkel der Insel. Da Sitía erheblich ruhiger ist als die anderen Touristenzentren, konnte es sich seine ureigene Atmosphäre erhalten: In den Treppengassen und Nebenstraßen der Stadt geht das Leben unverändert seinen Gang, dicht an dicht stehen altmodische Schuster- und Barbierläden, Schreinereien, Metallwerkstätten und Landhandelsgeschäfte.

Die Stadt schmiegt sich in L-Form um den Hafen, weiße Häuserreihen ziehen sich terrassenförmig die Hänge über der **Bucht von Sitía** hinauf. Mittelpunkt ist der **Platz Iróon Politechníou** in einer Ecke des Hafens. Nach zwei Seiten erstreckt sich die Uferpromenade mit eng beieinanderstehenden Tavernen – alle mit Blick auf die Bucht.

Eine schöne Aussicht auf den Hafen hat man von der **Venezianischen Festung** über dem nördlichen Teil der Stadt. Die Festung wurde von den Türken dreimal fast völlig zerstört und teilweise wieder aufgebaut. Heute finden im Sommer hier Open-air-Veranstaltungen statt. Man kann außen herumgehen, das Innere ist meistens geschlossen. Auf dem Rückweg über die Odós Kondiláki gelangen Sie zum **Folkloremuseum** (Öffnungszeiten nur im Sommer werktags: 10–12.30 Uhr, an Wochenenden geschlossen), mit

Unten: Steile Steintreppen zwischen dichtgedrängten Häusern an den Hängen um den alten Hafen von Sitía.

einer wundervollen Sammlung alter Haushaltsgeräte und Webstühle. Viele Funde aus dem Palast von **Káto Zákros** (S. 78–79) lagern im **Archäologischen Museum** (Öffnungszeiten: tägl. 8.30–15 Uhr, So 8.30–15 Uhr, Mo geschlossen). Das helle, großzügige Innere beherbergt einige bedeutende Funde, insbesondere seltene Linear-A-Tafeln und eine minoische Traubenpresse. Die römischen Amphoren in der letzten Sektion stammen aus einem Wrack und werden in einem Aquarium mit Seewasser aufbewahrt!

Kloster Tóplou *

Zwölf Kilometer hinter Sitía finden Sie auf der Straße nach Palékastro einen Abzweig nach links zu dem 3,5 km entfernten Kloster. Inmitten der kargen felsigen Hochebene erinnert das mächtige Bauwerk an eine Festung. Tatsächlich war es jahrhundertelang Zentrum des Widerstandes gegen Invasoren.

Moní Tóplou gehört zu den wohlhabendsten und einflußreichsten Klöstern Kretas. Angeblich gehört ihm der größte Teil der Nordostecke Kretas. Im Innern (Öffnungszeiten: tägl. 9 –13 und 13.15 –17 Uhr) befindet sich eine bedeutende Reliquien- und Ikonensammlung aus der Zeit vom 15. bis 18. Jh. Prunkstück ist das einzigartige Gemälde »*Megas i Kyrie*« (Du bist allmächtig, o Herr) von Ioánnis Kornáros, mit 61 lebensnahen Szenen aus dem Alten und Neuen Testament. Obwohl das Kunstwerk nicht besonders gekennzeichnet ist, kann man es nicht übersehen (es hängt an zentraler Stelle im Hauptraum der Kirche).

Zusätzlich zu den Ikonen im Innenraum sind noch eine Ausstellung von Graphik und alten Büchern zum Thema Orthodoxie ausgestellt: eine wertvolle Kollektion, die besonders

---

DAS WEHRHAFTE KLOSTER

Das **Kloster Tóplou** aus dem 14. Jh. wurde im 15. Jh. von Piraten angegriffen, im Jahr 1530 von maltesischen Rittern geplündert und 1664 wiederum von den Türken eingenommen. Diesen verdankt das Kloster auch seinen Namen: *touplou* ist Türkisch und bedeutet »mit einer Kanone«. Im Zweiten Weltkrieg befand sich hier ein Zentrum des kretischen **Widerstands** mit einer geheimen Funkstation (deshalb exekutierten die Deutschen den Abt).

Unten: *Das Archäologische Museum von Sitía birgt viele Funde aus dem Palast von Káto Zákros, darunter diesen* larnax, *einen minoischen Tonsarkophag.*

DATTELN AUF REISEN

Eine alte Legende berichtet,
daß die arabischen Piraten
nach ihrer Landung am
Strand von Vái die Kerne der
mitgebrachten Datteln fort-
warfen – daraus erwuchsen
dann die ungewöhnlichen
Palmen. Plausibel, aber falsch –
tatsächlich sind die Palmen
(Phoenix theophrastii) auf der
Insel zuhause und wuchsen
schon hier, lange bevor die
Araber kamen. Es ist das
nördlichste Vorkommen dieser
Art, die kleine und ungenieß-
bare Früchte hervorbringt.

Kunst- und Religionsgeschichtsinteressierten gefallen dürf-
te. In einem kleinen Anbau lagern historische Waffen aus
dem Griechischen Unabhängigkeitskrieg von 1821 sowie einige Feuerwaffen aus dem Zweiten Weltkrieg.

Der Strand von Vái *

Zweifellos ist es der meistgerühmte, meistbesuchte und
meistfotografierte Strand Kretas. Jeden Tag strömen
Hunderte Touristen aus allen Teilen der Insel zur »Karibik
im Mittelmeer«. Berühmtheit erlangte **Vái** wegen der
Palmen entlang des Sandstrandes; sie bilden tatsächlich einen seltsamen Kontrast zum felsigen Hinterland der meisten kretischen Strände.

Der **Palmenstrand** wurde zuerst von Hippies entdeckt
und im Lauf der Zeit zu einem überlaufenen Campingplatz,
bis die Behörden das ganze Gelände einzäunen ließen und
zu einem Forschungsreservat von internationalem Rang er-
klärten. Der größte Teil des Schutzgebietes, das sich vom
Strand ein kleines Tal hinauf erstreckt, darf nicht betreten
werden (Sie können den Strand aber von der Straße aus fotografieren). Von einem großen Parkplatz aus (Öffnungszeiten: tägl. von 7–21 Uhr) gibt es einen Zugang zum Strand.
Dort kann man Sonnenliegen mieten, außerdem gibt es

Unten: *Palmen am Strand
von Vái, angeblich die einzigen einheimischen Dattel-
palmen in Europa.*

Duschen, Toiletten, ein Café und ein Restaurant. An der Einmündung zur Hauptstraße liegt eine Bananenplantage (Öffnungszeiten: tägl. außer So). Auf der geführten Besichtigungstour dürfen Sie direkt von der Staude soviel Bananen essen, wie Sie wollen. Auch Eselsritte sind im Angebot.

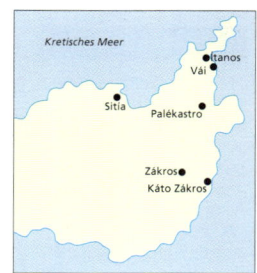

Weitere Strände in der Nähe

Nach kurzer Fahrt nordwärts ab Váï gelangen Sie an den relativ einsamen Strand bei **Ítanos**, an dem eine Reihe kleiner Sandstrände weitab vom Touristenrummel zum Baden einladen. Als besondere Attraktion gibt es beim Zugang zum Hauptstrand auch noch eine **minoische Stadt**: Ítanos gehörte zu den einflußreichsten Städten im Osten Kretas. Sie blühte von frühen minoischen Zeiten an durch die griechischen und römischen Epochen bis in die Frühzeit von Byzanz. Es finden sich noch Spuren einer Basilika und griechische Mauern, allerdings läßt sich zwischen den dichtgedrängten Häusern am Hang kaum etwas erkennen.

Auf dem Rückweg nach Palékastro stehen Wegweiser zu weiteren Stränden abseits der Hauptstraße, insbesondere zum **Strand von Maridati** und zum leichter zugänglichen **Kouroménos Strand**, an dem man angeblich gut surfen kann. Diese Strände sind nur über Schotterpisten zu erreichen.

Palékastro

Palékastro ist ein typisches Bauerndorf, dessen Bewohner hauptsächlich von den Erträgen der ausgedehnten Olivenhaine beidseits der Straße leben. Durch die Nähe zu Váï, Káto Zákros und anderen Sehenswürdigkeiten breitet sich auch hier allmählich der Tourismus aus. Neben einer Touristeninformation gibt es schon einige »Pubs« und sogar einen Nachtclub.

Von Palékastro führt eine Straße vorbei am Weiler **Angathiá** (Geheimtip mit »rent rooms«) hinunter zum Sandstrand von Chíona; auch hier stehen einige Tavernen. Auf der rechten Strandseite erstreckt sich die archäologische Ausgrabungsstätte von Palékastro, und obwohl man sie zum Schutz gegen den Verfall wieder zugeschüttet hat, sind

> **IMMER NOCH EIN GEHEIMTIP**
>
> Am besten besuchen Sie den Strand von **Váï** zu Beginn oder am Ende des Tages, wenn die Menschenmengen weniger erdrückend sind. Sie können aber auch nach Besichtigung der Palmen beim Aussichtspunkt am Südende des Strandes hinüberklettern und sind fünf Minuten später auf einem bezaubernden, einsamen und ruhigen Dünenstrand.

Unten: *Káto Zákros ist ein idealer Ort, um sich vom Rummel zurückzuziehen.*

noch Teile der Hauptstraße, Treppen und Wohnhäuser zu erkennen.

Káto Zákros **

Ganz allmählich schlängelt sich auf einer Strecke von 20 km die Straße von Palékastro über die Berge – vorbei an halbverlassenen Dörfern bis nach **Zákros**, wo ein paar Tavernen von den Vorüberreisenden profitieren, die dem reizvolleren Ziel **Káto Zákros** unten an der Küste entgegenstreben.

Káto Zákros liegt in einer traumhaften Bucht. Sie allein lohnt die Anreise, auch ohne den minoischen Palast zu besuchen, den der Ort zu bieten hat. Am Ende des langen, menschenleeren Strandes stehen einige schattige Tavernen, es gibt ein paar Zimmer zu mieten und eine Handvoll Fischerboote – ein idealer Erholungsort fernab vom Trubel.

Nur wenige Schritte hinter dem Strand steht der **Palast von Zákros** (Öffnungszeiten: tägl. von 9–16 Uhr; im Sommer 8-21 Uhr). Diese, zu den interessantesten kretischen Ausgrabungsorten gehörende Stätte hinterließ zahllose Schätze sowie Gegenstände des alltäglichen Lebens. Anfang des 20. Jh. gruben hier als erste britische Archäologen. Sie

verfehlten jedoch den Palast um wenige Meter; erst als in den 1960er Jahren ein Landbesitzer ein paar Schmuckstücke fand, hatte man bei den darauffolgenden Grabungen Erfolg.

Zákros ist der kleinste der vier minoischen Paläste und aus diesem Grund für viele Besucher besonders attraktiv – auf einer so kompakten und klarumrissenen

historischen Stätte fällt es entschieden leichter, das Wesentliche zu erfassen. Außerdem gibt es hier nur einen einzigen Palast – das erspart dem Besucher die verwirrende Entschlüsselung unterschiedlicher Ausgrabungsebenen, die bei anderen minoischen Palästen die Regel sind.

Oben: *Einfache Strand-Tavernen machen Káto Zákros so liebenswert.*

Zákros stammt aus der Zeit zwischen 1600 und 1450 v. Chr. und war in seiner Blütezeit das Handelszentrum zwischen Ägypten und Kleinasien. Der Hafen, irgendwo unter dem heutigen Meeresspiegel, wurde nie geortet.

Beim Betreten des Geländes befinden Sie sich auf einem der ehemaligen Hauptwege von der Seeseite her, der Palast liegt zu Ihrer Linken. Als erstes erblicken Sie ein großes Schutzdach, Schattenspender für eine Vertiefung im Boden, von der Kanäle abzweigen – vermutlich war dies ein **Schmelzofen für Metall**, einer der ältesten in dieser Art auf der Welt.

Vom Eingang des Palastes führen Stufen hinunter in einen Innenhof, westlich davon befinden sich der Zentralhof und der Sockel eines Altares. Direkt an den Zentralhof schließt sich der Westflügel mit Zeremonienhalle, Festsaal, Schatzkammer und Zentralheiligtum an. Im Ostflügel liegen die königlichen Gemächer sowie eine runde Zisterne im benachbarten rechteckigen Säulensaal, die vielleicht einmal als königlicher Swimmingpool diente. Der Nordflügel enthält eine Küche (die einzige Küche, die man in einem minoischen Palast fand), der Südflügel hauptsächlich Werkstätten.

DAS TAL DES TODES

Eine lohnende Wanderung führt von **Zákros** hinunter zum Meer durch das »Tal des Todes« – so genannt, weil die Minoer ihre Toten in den Höhlen der Schlucht begraben haben. Allerdings ist die friedliche kleine Schlucht alles andere als gespenstisch, im Frühling erblüht hier eine wunderbare Blumenpracht. Bis zum Ende der Schlucht geht man anderthalb Stunden, sie mündet in Olivenhainen und Bananenpflanzungen gleich oberhalb des Palastes von Káto Zákros. Von dort wieder hinauf nach Zákros lassen Sie sich von jemandem mitnehmen oder fahren mit dem Bus zurück.

IERÁPETRA *

Die weiträumige, sich ausbreitende Stadt – die größte an der Südküste Kretas – ruft bei Besuchern die unterschiedlichsten Reaktionen hervor: »Ohne jeglichen Charme und häßlich, Verfallsdatum längst abgelaufen« behaupten manche Reiseführer, während andere sie als »strahlendes Schmuckstück der Libyschen See« beschreiben, dessen altehrwürdige Geschichte (immerhin 3500 Jahre Vergangenheit) durchaus Beachtung verdient.

Wie dem auch sei, **Ierápetra** wächst und wächst. Es besitzt eine geschäftige Uferpromenade mit vielen konkurrierenden Bars und Tavernen und einen Strand, der so lang ist, daß er bestimmt niemals übervölkert sein wird. An Sehenswürdigkeiten bietet die Stadt wenig, und die meisten Besucher geben sich offenbar damit zufrieden, Tag für Tag vom Strand in die Taverne und wieder zurückzugehen, bis die Sonne untergeht. Als einer der südlichsten Badeorte Europas schlägt die Stadt viele Rekorde, auf jeden Fall wird man hier schön braun: Der »Winter« dauert nur zwei Monate.

Zur Zeit der Minoer gab es hier vermutlich einen Hafen; seinen Höhepunkt erlebte Ierápetra unter den Dorern, als es über mehr Territorien herrschte als jede andere Stadt auf Kreta. Es fiel als eine der letzten Bastionen in die Hände der Römer und entwickelte sich unter deren Herrschaft zum blühenden Handelszentrum. Viele Tempel, Theater und andere imposante Bauwerke entstanden, von denen jedoch heute nicht mehr viel übrig ist.

Das **Archäologische Museum** (Öffnungszeiten: tägl. 8.30–15 Uhr, Mo geschlossen) in der Odós Adrianoú 2 zeigt minoische Funde von nahegelegenen Ausgrabungsstätten. Selbst wenn Sie keine Lust mehr auf minoische Artefakte haben, können Sie diese hier ohne großen Energieaufwand einfach auf sich wirken lassen – sie sind überhaupt nicht beschildert. Und doch lohnt sich ein Blick ins Museum, allein schon wegen der edlen **Demeter-Statue** (Göttin der Fruchtbarkeit) am Ende des Saales. Ein Bauer fand sie beim Pflügen. Die Statue stammt aus dem 1. Jh. v. Chr., um ihr Haupt winden sich Schlangen als Symbole ihrer Gottheit. Weiteres sehenswertes Ausstellungsobjekt ist ein mit

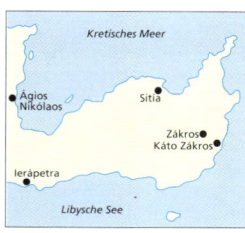

Links: *Das hübsche türkische Brunnenhaus steht
neben der Moschee in der
Altstadt von Ierápetra.*

Jagdszenen bemalter minoischer larnax (Tonsarkophag) in
der vorletzten Abteilung auf der rechten Seite.

Auch die Venezianer hinterließen in der Stadt ihre
Spuren in Form eines **Kastells** (Öffnungszeiten: tägl. 9–21
Uhr) an der Hafeneinfahrt, das erst vor kurzem restauriert
wurde. In der Nähe der Festung steht die bedeutendste Kirche
von Ierápetra, Panagía, mit einer Apsis, die einige her-
vorragende Ikonen birgt. Auch eine weitere Kirche, **Aféndis
Christós**, etwas weiter westlich, besitzt eine Anzahl schöner
Ikonen und eine wundervoll geschnitzte *ikonostássis*.

Auf dem Weg vom Hafen zurück in das ehemalige türkische Stadtviertel liegt eine typische alte Moschee, die Tzami-
Moschee, auch sie wurde erst kürzlich restauriert. Heute finden dort Konzerte und andere Veranstaltungen statt; an der
Westseite steht ein kleines **ottomanisches Brunnenhaus**.

NAPOLEONS HAUS

Auf dem Weg nach Ägypten
im Jahr 1798 ließ **Napoleon**
seine Flotte in Ierápetra anlegen. Einheimischen Histo-
rikern zufolge verbrachte er
die Nacht in einem kleinen
Haus im türkischen Viertel –
Káto Mera 9. Das hübsche alte Haus mit geschnitzter
Holztür ist heute restauriert,
und das Kultusministerium
bringt dort Archäologen unter, die auf Ausgrabungs-
stätten in der Nähe arbeiten.
Anscheinend sind die
Archäologen neugierige
Touristen leid, denn auf einem Zettel an der Mauer
steht: »Drinnen gibt es nichts
von Napoleon – bitte nicht
stören!«

Ost-Kreta auf einen Blick

ANREISE

Ágios Nikólaos liegt 69 km (New Road) östlich von Iráklion, 60–90 Min. Fahrzeit mit Mietwagen oder Taxi. Busse verkehren halbstündlich von 6.30–21.30 Uhr und brauchen ca. 90 Min. Nach **Eloúnda** fahren Sie 20 Min. länger, regelmäßig verkehren Busse von und nach Ágios Nikólaos. Die Fahrt nach **Ierápetra** dauert 2 St. 30 Min., es gibt mindestens acht Busse täglich von und nach Iráklion. Direkte **Schiffsverbindungen** im Sommer mit den Inseln des Dodekanes ab Ágios Nikólaos zweimal wöchentlich und den Kykladen einmal in der Woche; im Winter fahren die Schiffe seltener.

VERKEHRSMITTEL

Innerhalb von **Ágios Nikólaos** brauchen Sie eigentlich kein Auto. Die meisten anderen Regionen in Ost-Kreta können Sie mit öffentlichen Verkehrsmitteln von Ágios Nikólaos, Eloúnda, Sitía und Ierápetra erreichen.
Autovermietungen: Economy Car Hire, Aktí Koundoúrou 15, Ágios Nikólaos, Tel.: 08 41/ 2 29 65; Hertz, Aktí Koundoúrou 17, Ágios Nikólaos, Tel.: 08 41/2 83 11 und Pl. Nikolau 4, Ierápetra, Tel.: 08 42/2 36 50.

ÜBERNACHTEN

Ágios Nikólaos
In der Hochsaison könnte es ziemlich schwierig sein, außerhalb der Pauschalangebote ein Zimmer zu finden, am besten buchen Sie im voraus.

LUXUSKLASSE
Hotel St. Nicolas Bay, Postfach 47, 72 100 Ágios Nikólaos, Tel.: 08 41/2 50 41, Fax: 08 41/ 2 45 56. 128 Bungalows und Apartments, eigener kleiner Strand, drei Swimmingpools, Wassersport und die üblichen Angebote. Das Stadtzentrum ist bequem zu Fuß erreichbar.
Minos Beach, 72100 Ágios Nikólaos, Tel.: 08 41/2 23 45, Fax: 08 41/2 25 48.
132 Zimmer, 65 Bungalows am Strand. Bis zur Stadt ist es nur ein kleiner Spaziergang, das Hotel bietet guten Service und unaufdringlichen Luxus. Geheizter Swimmingpool, Tennis, Wassersport.
Minos Palace, 72100 Ágios Nikólaos, Tel.: 08 41/2 38 01, Fax: 08 41/2 38 16. 145 Zimmer und 7 Bungalows. Auf derselben Halbinsel wie das St. Nicolas Bay, Tennis, Pool, Wassersport.

MITTELKLASSE
Hotel Coral, Aktí Koundoúrou, 72 100 Ágios Nikólaos, Tel.: 08 41/2 83 63, Fax: 08 41/ 2 87 54. Schöne Lage direkt am Wasser. Meerwasser-Pool auf dem Dach. Die meisten Zimmer mit Meerblick. (Kat. B)
Hotel Hermes, Aktí Koundoúrou, 72 100 Ágios Nikólaos, Tel.: 08 41/2 82 53, Fax: 08 41/2 87 54. Pendant zum Coral, gleich nebenan, mit ähnlichem Komfort und etwas besseren Zimmern. (Kat. A)
Candia Park Village, 72 100 Ágios Nikólaos, Tel.: 08 41/ 2 68 11, Fax: 08 41/2 23 67. Auf halbem Weg zwischen Ágios Nikólaos und Eloúnda, große

Bungalowanlage in kretischem Stil mit zwei Pools, Aquapark, Mini-Club für Kinder, Bars, Restaurants. Familienfreundlich. (Kat. A)
Odysseas, Saroliíd 7, 72 100 Ágios Nikólaos, Tel.: 08 41/ 2 84 40. Kleines, familienbetriebenes Hotel mit 24 Zimmern, die meisten komfortabel und mit Balkon zum Meer. (Kat. B)

Eloúnda
LUXUSKLASSE
Hotel Eloúnda Beach, 72100 Ágios Nikólaos, Tel.: 08 41/ 4 14 12, Fax: 08 21/4 13 73. In ausgedehnter Parkanlage außerhalb des Ortes mit Bungalows in »traditionellem« kretischen Stil. Komfort und Service vom Feinsten.
Hotel Eloúnda Bay, 72100 Ágios Nikólaos, Tel.: 08 41/ 4 15 02, Fax: 08 41/4 15 83. Hieß früher Eloúnda Mare, heute unter derselben Leitung wie das Eloúnda Beach gleich nebenan. Hoher Komfort.

MITTELKLASSE
Hotel Eloúnda Marmin, 72100 Ágios Nikólaos, Tel.: 08 41/ 4 15 13, Fax: 08 41/4 15 35. Nicht ganz so elegant wie die Nachbarschaft (s. oben), aber ausgezeichnete Strandlage in ruhiger Umgebung. (Kat. A)

PREISWERTE UNTERKÜNFTE
Aristea, 72100 Ágios Nikólaos, Tel.: 08 41/4 13 00. Modernes Hotel, von den vorderen Zimmern aus schöner Blick auf den Hafen. (Kat. C)

Bucht von Ístro
LUXUSKLASSE
Hotel Istron Bay, 72 100 Ágios Nikólaos, Tel.: 08 41/6 13 03,

Ost-Kreta auf einen Blick

Fax: 08 41/6 13 83.
Ausgesprochen luxuriöses Hotel
mit bestem Ruf und eigenem
Strand, in der Bucht von
Mirabéllo 13 km östlich von
Ágios Nikólaos.

Móchlos
Hotel Móchlos, Tel.: 08 43/
9 42 05. Familienbetrieb in einer
Seitenstraße; der Neubau bietet
die besten Zimmer, alle mit
Dusche/WC und großem Balkon
zum Meer. (Kat. C)

Sitía
Krystal, Kapetán Sífi 17, 72 300
Sitía, Tel.: 08 43/2 22 84. In
Strandnähe, sauber und komfor-
tabel geführt, freundliche
Leitung. (Kat. C)
Elysee, Odós K. Karamanlí 14,
Tel.: 08 43/2 23 12, Fax: 08 43/2
34 27. Auch am Meer, Stan-
dardzimmer, dafür recht preis-
günstig. (Kat. C)

Ierápetra
Astron, M. Kothari 56, 72 200
Ierápetra, Tel.: 08 42/2 51 14,
Fax: 08 42/2 59 17. Komfor-
tables, hübsch eingerichtetes
Hotel in unmittelbarer Nähe zum
Strand; die meisten der 70
Zimmer mit großem Balkon zum
Meer. (Kat. B)
El Greco, Odós M. Kothari 42,
72 200 Ierápetra, Tel.: 08 42/
2 84 71. Direkt im Stadtzen-
trum, einfache Zimmer, dafür
schöner Blick . (Kat. C)
Cretan Villa, Odós Lakerdá 16,
72 200 Ierápetra, Tel.: 08 42/
2 85 22. Ungewöhnliche Zim-
mer in einem alten Haus, ver-
steckt in einer der hinteren
Straßen. Das Ambiente rechtfer-
tigt den ziemlich hohen Preis.
(Kat. C)

RESTAURANTS, CAFÉS

Ágios Nikólaos
Armida Boat Club, Tel.: 08 41/
2 51 89. Auf einem umgebau-
ten Frachter von 1920, sehr
empfehlenswert für einen Drink.
Auf der Westseite des Hafens.
Cretan Restaurant, Soukeras
Vassilis, Tel.: 08 41/2 87 73. Mit
Blick auf die Ostseite des Ha-
fens, elegantes Restaurant voller
Kunstgegenstände, internatio-
nale und griechische Küche.
Ítanos, Platía Venizélou. Besitzt
immer noch den Ruf der »einzig
echten Taverne« in Ágios
Nikólaos.
Restaurant Hataeh, Odós
Lassíthiou 23, Tel.: 08 41/
2 46 10. Auf der Hügelspitze,
direkt rechts neben dem
Krankenhaus. Die schlichte
Taverne serviert traditionelle
Mahlzeiten zu niedrigen Preisen.
Spezialität gegrillter Fisch.
Freundliche Atmosphäre, sehr
zu empfehlen.
Fisch-Taverne Pelagos, Ecke
Kóraka und Katechaki, Tel.:
08 41/2 57 37. Gemütliches
altes Haus mit großem
Innenhof, 2 Gehminuten vom
Hafen. Ausgezeichneter Fisch
und Meeresfrüchte.

Eloúnda
Pulis, Tel.: 08 41/4 14 51.
Internationale Küche, bekannt

für Meeresfrüchte. Strandlage.

Sitía
Paragadi, Odós Karamanlí 8,
Tel.: 08 43/2 87 50. Köstliche
Fischgerichte und traditionelle
griechische Küche.

AUSFLÜGE

Von **Ágios Nikólaos** werden
Tagesausflüge zu allen
Haupttouristenstätten Kretas
angeboten.
**Empfehlenswerte
Veranstalter: Maris Travel
Agency**, Akti Kondoúrou 40,
Tel.: 08 41/8 24 92; **Creta
Travel** Bureau, K. Paleologou &
Katchaki, Tel.: 08 41/2 84 96;
und **Alena Tours**, Tel.: 08 41/2
28 00. **Schiffstouren** nach
Spinalónga vermitteln u.a.
Buzz Travel, Tel.: 08 41/
2 26 08 und **Nostos Tours**, Tel.:
08 41/2 28 19.

NÜTZLICHE ADRESSEN

Informationsbüro des EOT,
Akti Kondouron, Ágios Nikólaos,
Tel.: 08 41/2 23 57. Das Büro
befindet sich gleich an der
Brücke zum Voulisméni-See,
geöffnet Mo-Fr 8.30-22.30 Uhr.
Die **Vorwahl** nach Griechenland
ist 00 30. Von Griechenland
nach Deutschland 00 49.
Touristen-Polizei, Tel.: 08 41/
2 69 00.

ÁGIOS NIKÓLAOS	J	F	M	A	M	J	J	A	S	O	N	D
Ø Temperatur °C	9	9	11	15	12	23	25	25	22	18	14	11
Sonnenstunden tägl.	5	5	6	7	10	12	10	10	9	7	5	5
Niederschlag in mm	78	47	36	26	9	9	2	0	12	34	102	102
Regentage	8	8	7	4	2	1	0	0	1	4	10	10

5
Die Präfektur
Réthimnon

Mehr als alle anderen Präfekturen wird **Réthimnon** von Gebirgszügen beherrscht – im Osten vom höchsten Berg Kretas im Psilorítis-Massiv, im Westen von den kargen Gipfeln der Lefká Óri (Weiße Berge). Zwischen beiden Gebirgen liegen zahlreiche Hochtäler, in denen sich im Frühling ein Teppich aus Wildblumen ausbreitet, und verschlafene, scheinbar von der Welt abgeschnittene Dörfer.

Die Nordküste ist geprägt von einem flachen Küstenplateau, das in langgestreckte Sandstrände mit vielen Hotels und eher reizlosen Ferienanlagen übergeht. Im Gegensatz dazu erfreut sich die bezaubernde Hauptstadt Réthimnon bei vielen Reisenden großer Beliebtheit; alte venezianische und türkische Bauten schmücken das überaus reizvolle historische Zentrum und den Hafen.

Charakteristisch für die Südküste sind gewaltige Bergformationen und am Ende von kurvenreichen Straßen versteckt liegende malerische Badebuchten. Bekanntester Ferienort ist das rasch expandierende **Agía Galíni**, das Tag und Nacht mit Leben erfüllt ist. Weiter westlich liegt **Plákias**, auch ein betriebsames Touristenzentrum. Dazwischen gibt es den berühmten **Palmenstrand** von **Préveli**, das Pendant der Südküste zum Strand von Vái (S. 76), ein beliebtes Ziel für Tagesausflügler.

In diesem Teil Kretas finden sich kaum minoische Ausgrabungsstätten (nur ein paar wurden entdeckt), aber etliche interessante Klöster – insbesondere die **Klöster Arkádi** und **Préveli**, beides ehemalige Zentren des Widerstandes in einer Region, in der die Menschen für ihren unbeugsamen Freiheitsdrang bekannt sind.

SEHENSWERTES

*** Bummel durch die romantische Altstadt von **Réthimnon**
** Abendessen am **Hafen** von **Réthimnon**
*** Besuch des **Klosters Arkádi**
** Eine Tour durch die Bars von **Agía Galíni**
* Bergdörfer im **Amári-Becken**
* Webwaren in **Anógia**

Gegenüber: In fast allen romantischen alten Häusern am Hafen von Réthimnon sind heute Restaurants untergebracht. Die Tische stehen bis ans Wasser.

Oben: *Der Eingang zur imposanten Fortezza in Réthimnon, die die Stadt schützen sollte, von den angreifenden Türken jedoch einfach umgangen wurde.*

TRADITIONELLE SOUVENIRS

Die interessantesten Geschäfte Réthimnons konzentrieren sich um die **Paleológou, Arkadíou** und **Soulíou** in der Altstadt.

• **Traditionelle Lederwaren** (darunter handgearbeitete kretische Stiefel) finden Sie bei **Manolis Botonakis** (Odós Arkadíou 52) und **Nikos Leledaki** (Ecke Soulíou und Ethnikis Antistáseos).

• Eine große Auswahl **einheimischer Produkte** (Bergtee, Rakí, Honig, Kräuter und Gewürze) gibt es entweder bei Kreta Products (Odós Paleológou 29) oder Traditionally Cretan (Soulíou 28).

• **Kleidung, Spitze** und **Stickereien** finden Sie bei **Spiridakis** (Soulíou 36) oder **Emmanouela Markakys** (Platía Titou Petichaki).

RÉTHIMNON ★★★

Réthimnon gehört mit seinen malerischen Gassen um den venezianischen Hafen zu den entzückendsten Städten Kretas, damit kann einzig Chaniá konkurrieren. In den Vororten türmt sich zwar ein Betonklotz neben dem anderen – aber der Stadtkern mit seinen historischen türkischen Häusern und Minaretten schmiegt sich wie eine Perle in eine unansehnliche Muschelschale.

Außer dem pittoresken Hafen lockt der lange Sandstrand östlich vom Zentrum die Touristen an. Dahinter erstreckt sich eine belebte Promenade mit Restaurants, Autovermietungen und kleinen Hotels, die meisten größeren Hotels stehen weiter östlich. Am besten geschützt ist der Strand gleich rechts neben dem Hafen, allerdings ist es hinter den Wellenbrechern im Osten weniger voll, hier ist das Wasser auch sauberer.

Der alte Hafen stammt noch von den Venezianern. Da er zu versanden droht, wird er nur von kleinen Wasserfahrzeugen wie Kaikis und Fischerbooten befahren (die Fähre aus Piräus legt an der Außenseite der Mole an). Das Hafenbecken ist umgeben von wunderschönen alten italienischen Häusern mit schmiedeeisernen Balkonen und hölzernen Fensterläden – heutzutage beherbergen fast alle ein Restaurant, die Tische stehen fast bis zur Wasserkante. Das Ambiente hat seinen Preis, aber es ist ein herrlicher Ort für einen ganz besonderen Abend.

Réthimnon bietet jedoch nicht nur den Strand und den Hafen – ganz besonders reizvoll ist ein Spaziergang durch die Seitenstraßen und schmalen Gassen. Hier hinterließen die Türken ihre Spuren in Form von schönen, verzierten Holzerkern im ersten Stock der meisten Häuser. Ornamentale venezianische Steinmetzarbeiten und einige versteckt gelegene Brunnen erhöhen noch den malerischen Reiz der Altstadt. In diesem Teil der Stadt gibt es viele exotische kleine Läden und verlockende Restaurants und Cafés.

Einige Sehenswürdigkeiten lohnen die Suche – z.B. der Rimondi-Brunnen auf der Platía Peticháki; er wurde im Jahr 1629 vom venezianischen **Statthalter Rimondi** erbaut (vermutlich aus Neid auf den Morosini-Brunnen in Iráklion). Die drei Löwen speien immer noch Wasser in ein Marmor-

becken. Von hier aus erreicht man gleich über die Paleológou die **Venezianische Loggia**, bis vor kurzem noch Unterkunft des Archäologischen Museums, zur Zeit wird sie zu einer Bibliothek umgestaltet. Ganz in der Nähe steht die Nerantzes-Moschee mit drei bauchigen Kuppeln und hohem Minarett. Von der Spitze hat man einmalige Ausblicke auf die Stadt, leider ist das Mauerwerk ziemlich verfallen und die Treppe nach oben auf unbestimmte Zeit gesperrt.

Wenn Sie der Hauptstraße Ethníkis Andistásis weiter folgen, gelangen Sie zur **Porta Guora**, dem ehemals wichtigsten Stadttor. Gegenüber liegt der **Stadtpark**. Das Gelände ist ziemlich schäbig, aber wenn hier ein Theaterstück oder Konzert aufgeführt wird, lohnt sich der Besuch.

Als weiteres Vermächtnis der Venezianer beherrscht die stolze **Fortezza** die Spitze der Halbinsel auf der Westseite der Stadt. Beim Rundgang über die gewaltigen Wälle und Bastionen glaubt man gern, daß dieses Bauwerk den Anspruch erhebt, die größte jemals erbaute venezianische

DIE ÜBERFLÜSSIGE FESTUNG

In der mächtigen **Fortezza** von Réthimnon sollte bei einem Angriff die gesamte Stadtbevölkerung Schutz finden – von der Größe her wäre das auch kein Problem gewesen. Allerdings erfüllte sie nicht die Erwartungen. Als die Türken im Jahr 1645 angriffen, ließen sie die Festung links liegen und nahmen die Stadt binnen eines Tages ein. Betrachtet man die Lage, so zeigt sich, daß sie die Stadt im Osten nicht schützen konnte.

AUSFLÜGE IN DEN SÜDEN

Von Réthimnon aus gibt es zwei Routen zur Südküste:
• Die **westliche** Straße steigt rasch hinauf in die Berge und führt vorbei an Arméni; 20 km von Réthimnon entfernt kommt der erste Abzweig (rechts) nach Plakiás, die Straße verläuft durch die **Kotsifoú-Schlucht**. Weiter im Süden führt ein weiterer Abzweig durch die malerische Kourtaliótis-Schlucht.
• Die **östliche** Route dauert länger, die Straße durchquert das **Amári-Becken.** Bis Agía Galíni sind es in beiden Fällen ungefähr 65 km.

Festung zu sein. In erster Linie sollte sie Ende des 16. Jh. die Stadt vor Piratenüberfällen schützen, doch erfüllte sie ihren Zweck nur kurze Zeit. Im Innern (im Sommer Öffnungszeiten: 8–20 Uhr, im Winter 8.30–17 Uhr) bieten sich schöne Ausblicke auf die Küste und die Stadt: Das riesige, offene Gelände innerhalb der Mauern beherbergt diverse Ruinen (z.B. die Quartiere der Garnisonssoldaten und einige genial gebaute Zisternen zum Auffangen von Regenwasser), eine eindrucksvolle Moschee (vor kurzem restauriert) und ein Freilicht-Theater.

Gegenüber vom Eingang zur Fortezza befindet sich das **Archäologische Museum** (Öffnungszeiten: tägl. 8.30–15 Uhr, Mo geschlossen), es ist im ehemaligen Gefängnis untergebracht. Die Ausstellung umfaßt Funde aus dem Neolithikum, minoische Töpfereien und eine interessante Sammlung griechischer und römischer Münzen.

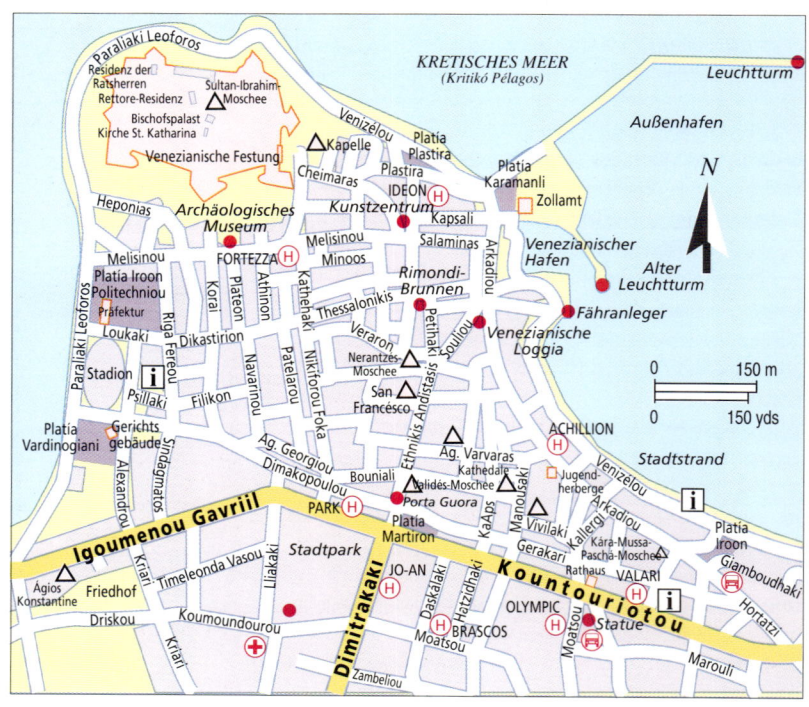

Links: *Das Kloster Arkádi war im 19. Jh. ein zentraler Ort des kretischen Widerstands gegen die Türken.*

ÖSTLICH VON RÉTHIMNON
Kloster Arkádi ✶✶✶

Das Kloster Arkádi, auf einer kleinen Hochfläche inmitten der Hügel am Fuß des Psilorítis-Gebirges gelegen, ist auf einem Tagesausflug von Réthimnon (25 km in südöstlicher Richtung) zu erreichen. Obwohl es keine großartigen Kunstwerke oder spektakulären Sehenswürdigkeiten zu bieten hat, lohnt sich der Besuch. Die Klosteranlage strahlt eine ganz eigene Atmosphäre aus, die sie in erster Linie ihrer heldenhaften Rolle während des kretischen Freiheitskampfes im 19. Jh. verdankt.

Beim Aufstand gegen die Türken 1866 wurde das Kloster zum zentralen Ort der Widerstandskämpfer. Am 9. November 1866 wurden hier Hunderte Männer, Frauen und Kinder geopfert. Als die Türken das Kloster belagerten, zogen sie es vor, gemeinsam in den Tod zu gehen. Dieser Massenselbstmord rüttelte die Welt auf und brachte der Sache Kretas überall Sympathien ein. Es dauerte jedoch weitere 30 Jahre, bis die Insel endlich die Selbstbestimmung erlangte.

Die Ruine des **Pulvermagazins** liegt auf der Nordseite des Klostergeländes gleich gegenüber dem Refektorium, wo die wenigen Überlebenden der Explosion niedergemetzelt wurden. In der Mitte des quadratischen Innenhofes steht die imposante Kirche aus dem Jahr 1587 (die reich verzierte Fassade ist auf der 100-Drachmen-Banknote abgebildet). Auf der Südseite finden Sie ein kleines Museum (Öffnungszeiten: tägl. 9–18 Uhr) mit religiösen Erinnerungsstücken und blutbefleckten Gewändern.

EXPLOSION IM PULVERMAGAZIN

Als die Türken im Jahr 1866 näherrückten, flohen die Menschen aus Réthimnon und Umgebung zum **Kloster Arkádi**, um sich den Widerstandskämpfern anzuschließen: Am 7. November befanden sich 325 Männer und 639 Frauen und Kinder im Kloster, umzingelt von 5000 türkischen Soldaten. Trotz der hoffnungslosen Situation hielten die Verteidiger auch noch den ganzen 8. November die Stellung. In der Nacht erkannten die Menschen im Kloster, daß die Lage aussichtslos war und beschlossen, in einer gewaltigen Explosion unterzugehen, indem sie das Pulvermagazin in die Luft sprengen würden. So geschah es am 9. November, als die Türken sich den Weg durch das Westtor des Klosters freikämpften. Die Belagerten versammelten sich im Pulvermagazin, und der Abt gab das Zeichen, das Pulver zu zünden. Durch die Explosion starben die meisten Menschen im Kloster, viele Angreifer mit ihnen.

DIE KÖHLER

Entlang der Straße von Pérama nach Melidóni sieht man zahlreiche schwarze Hügel, hier arbeiten einheimische Köhler. In den Sommermonaten kann man beobachten, wie sie Zypressen und andere alte Bäume zersägen, um mächtige Meiler zu errichten, die langsam zu Holzkohle niederbrennen. Dank der immensen Nachfrage der Touristen nach gegrilltem Fleisch existiert dieses alte Handwerk immer noch.

Balí ✱✱

Fahren Sie von Réthimnon Richtung Osten, endet das flache Gelände abrupt in **Pánormos**. Ab hier schlängelt sich die Straße um die steilen Ausläufer der Kouloúkonas-Berge und bleibt bis Iráklion fast durchweg in Küstennähe. Ungefähr 2 km von der neuen Straße entfernt taucht der Badeort Balí auf, der sich an winzigen Felsbuchten unterhalb mit dorniger Phrygana bewachsener Hügel ausbreitet.

Das ehemals stille Fischerdorf nimmt mittlerweile einen festen Platz im Tourismus-Angebot ein, und inmitten der weißgestrichenen Häuser und Tavernen gibt es zahlreiche Apartmentanlagen und Hotels.

Von der Hauptstraße aus gelangt man zuerst zum **Camping-Strand** (wie der Name schon sagt, ist hier ein Campingplatz), danach zum **Greystone-Strand** (nicht besonders einladend) und dann zum Strand von Balí, der zum luxuriösen Balí **Beach Hotel** gehört. Dahinter erstreckt sich das alte Dorf um den Hafenstrand, und nach einem kurzen Fußweg über die Landzunge gelangt man zur letzten und schönsten Badebucht (bekannt als **Paradies-Strand** oder **Evita-Strand**): eine kleine Sandbucht mit vorgelagertem Felseninselchen zum Sonnen und Tauchen.

Balí bietet einiges an Wassersport (einschließlich Wasserski, Pedalo und Kanu) und ein abwechslungsreiches Nachtleben für all die, die Sonne und Spaß verbinden wollen. In der Hochsaison ist es natürlich hier auch ziemlich voll.

Rechts: *Die Köhlerei ist ein altes Handwerk, das heute noch in Teilen Kretas ausgeübt wird.*

Die Melidóni-Höhle

Pérama, der große, von Landwirtschaft geprägte Ort im Inland, ist Ausgangspunkt für die Fahrt zur **Melidóni-Höhle**, einer weiteren Gedenkstätte kretischen Widerstandswillens, denen man hier auf Schritt und Tritt begegnet.

Die 5 km von Pérama entfernt liegende Höhle mit ihren gewaltigen Tropfsteinbildungen erreicht man zu Fuß oder besser mit dem Auto. Sie soll seit dem Neolithikum bewohnt gewesen sein. Ihre schaurige Berühmtheit verdankt sie einem Ereignis während der türkischen Besatzung, als im Jahr 1824 fast 300 Dorfbewohner im Innern der Höhle Schutz suchten. Der türkische Anführer befahl ihnen, herauszukommen. Als sie sich weigerten (und die Boten erschossen), ließ er den Eingang verbarrikadieren, damit sie ersticken sollten. Da die Dorfbewohner aber immer neue Luftlöcher schufen, stapelten die Türken brennbare Sachen vor der Höhle auf und zündeten sie an. Im Rauch kamen alle Menschen in der Höhle ums Leben. An diese armen Seelen erinnert ein Schrein in der ersten Kammer.

Anógia *

Anógia, das größte Bergdorf Kretas, ist wegen seiner Webwaren und Schafwollteppiche weithin bekannt. Inmitten von hochgelegenen Bergweiden werden hier die meisten Ziegen und Schafe auf der Insel gezüchtet. Die vielen Webstühle im Dorf sind auch eine Folge der schrecklichen Ereignisse im Zweiten Weltkrieg, als fast alle Männer des Dorfes ermordet wurden und Dutzende Witwen zurückließen, die nun gezwungen waren, ihren Lebensunterhalt mit Webarbeiten zu verdienen. Anógia genießt den Ruf einer Hochburg kretischer Volksmusik und entwickelte sich mit dem Tourismus rasch zum Hauptveranstaltungsort der »kretischen Nächte«. Diese sind mit der Weberei das ökonomische Standbein des Dorfes.

Das Dorf selbst ist nicht besonders reizvoll, hinzu kommt, daß manche der angebotenen Textilien von eher minderer Qualität sind. Dennoch liegt Anógia wunderschön in den Bergen und ist von der Küste aus ein interessantes Ausflugsziel. Von Anógia schlängelt sich die Straße hinauf um die Nída-Hochebene fast bis zur Ida-Höhle (S. 93).

DIE RACHE DER DEUTSCHEN

Als im Zweiten Weltkrieg die Widerstandskämpfer den deutschen Oberbefehlshaber **General Kreipe** entführten, gehörte Anógia zu den Dörfern, in deren Nähe er versteckt wurde, bevor man ihn über den Psiloritis zur Südküste und dann per Schiff von der Insel schaffte. Als Vergeltung stürmten die Deutschen am 15. Aug 1944 das Dorf, zerstörten alle Häuser und töteten alle Männer.

NOCH EINMAL ZEUS

Obwohl auch die **Díkti-Höhle** für sich den Anspruch erhebt, Geburtsstätte des Göttervaters Zeus zu sein (S. 71), sind sich die Mythologen darin einig, daß er zumindest zur **Ida-Höhle** gebracht wurde. Seit minoischen Zeiten entwickelte sich diese Höhle daher zur Pilgerstätte, selbst Pythagoras stattete ihr einen Besuch ab.

DAS PSILORITÍS-GEBIRGE UND DAS AMÁRI-BECKEN
Der Psilorítis **

Das **Psilorítis-Massiv** bestimmt durch seine Größe den Osten des Distrikts Réthimnon, sein ausgesetzter Gipfel, der Psilorítis, erhebt sich vom Dach Kretas zur stolzen Höhe von 2456 m , und ist somit der höchste Punkt der Insel.

Die Besteigung des Psilorítis (auch als Berg Ida bekannt) ist der Traum eines jeden Kreta-Wanderers; der Weg zum Gipfel läßt sich in insgesamt 8 Stunden bewältigen.

Sie sollten den Berg aber nicht allein besteigen, sondern nur mit einem versierten Bergführer.

Auch wenn Sie bis auf den Gipfel gehen wollen, lohnt sich ein Teil des Weges mit dem Auto. Der Fahrweg beginnt

Rechts: *Das Psilorítis-Massiv bildet das geologische Rückgrat des Bezirks Réthimnon: Hoch oben in den Hängen des Psilorítis liegt die Ida-Höhle, wo der Legende nach Zeus seine Kindheit verbrachte.*

in **Anógia**, von dort sind es etwa 20 km bis zur **Nída-Hochebene**. Dieses kleine Plateau, an die 1400 m über dem Meeresspiegel, dient im Sommer als Weideland für riesige Schaf- und Ziegenherden; überall auf der Ebene stehen kleine Steinhütten (*mitátes*), in denen die Hirten auf traditionelle Weise Käse und Joghurt herstellen. Nach der Schneeschmelze breitet sich auf der Hochebene eine wahre Pracht an Wildblumen aus, darunter Krokusse und Schneestolz.

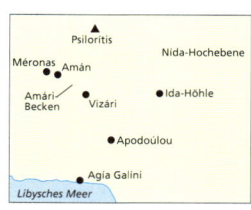

Die Straße führt in Serpentinen um den westlichen Rand der Ebene und endet bei einer modernen Taverne (mittlerweile geschlossen und nur von privaten Bergsteigergruppen zu nutzen). Von dort aus gehen Sie 20 Minuten hinauf zum Eingang der **Ida-Höhle** (Idéon Ándron). Nach der Legende wurde hier Zeus geboren. Im Jahr 1885 begann man mit Grabungen im Innern der Höhle, etliche hier freigelegte Gold- und Elfenbeinobjekte werden heute im Museum von Iráklion ausgestellt (Saal XII).

Die aktuellen Grabungen dauern nun schon zehn Jahre oder länger an, leider ist die Höhle deswegen nicht immer für die Öffentlichkeit zugänglich.

Das Amári-Becken *

Die **Täler von Amári**, ein touristisch relativ unerschlossener Teil Kretas, erstrecken sich zwischen der Psilorítis-Kette im Osten und dem weniger großen Kédros-Massiv im Westen. Hier läßt es sich herrlich und in Frieden leben, Dutzende kleiner Dörfer verlieren sich in einer üppigen Landschaft aus Olivenhainen, Weingärten und Obstplantagen. Außerdem gibt es überraschend viele Kirchen mit Freskenmalerei; die meisten überstanden unbeschädigt die Terroraktionen der deutschen Wehrmacht im Zweiten Weltkrieg, denen ganze Dörfer zum Opfer fielen.

Auf beiden Seiten des Tals verlaufen gute Asphaltstraßen. Ein Besuch des Amári-Beckens bietet sich an. Eine Rundtour ab Agía Galíni oder eine Fahrt von Küste zu Küste läßt sich damit verbinden.

Ab Agía Galíni folgen Sie der Straße hinauf zur östlichen Seite des Tals nach **Apodoúlou**; am nördlichen Ortsausgang können Sie ein **minoisches Kuppelgrab** (tholos) besichtigen. Zum Kirchlein Ágios Geórgios mit Fresken aus dem 14. Jh.

DIE SIEBEN DÖRFER

Wie Anógia zählte auch das **Tal von Amári** einen hohen Preis dafür, daß seine Bewohner Partisanen Schutz boten und bei der Entführung des General Kreipe im Zweiten Weltkrieg mithalfen. In den letzten Monaten der Besatzung durchkämmten die Deutschen die Westseite des Tals, brannten Häuser, Kirchen und Schulen nieder und erschossen alle Männer, die sie fanden. Das Massaker dauerte eine Woche, systematisch wurde an jedem Tag eins von sieben Dörfern zerstört: Gedenksteine in den Dörfern markieren den Weg.

Oben: *Die grünen Hügel des Amári-Beckens mit seinen Olivenhainen, Weinfeldern und einsamen Dörfern, fernab der touristischen Küstenorte, lassen sich in aller Ruhe entdecken.*

brauchen Sie zu Fuß 10 Minuten.

In **Fourfourás** halten Sie sich links und gelangen nach **Vizári**, wo es 1 km westlich des Dorfes eine frühchristliche **Basilika** gibt. Von hier aus verläuft die Straße schnurgerade durch Weingärten und Olivenhaine hinauf zum **Kloster Asomáton** (Auferstehungs-Kloster). Die im venezianischen Stil erbaute Klosteranlage beherbergte in den dreißiger Jahren eine Landwirtschaftsschule und war ein wichtiges Bildungszentrum. Heute ist das Gebäude verlassen, auf dem Gelände wachsen Orangen- und Ahornbäume und sogar Palmen.

Ein kurzer Abstecher bringt Sie über eine Nebenstraße nach Amári, den Hauptort des Tals, von hier aus hat man eine prachtvolle Aussicht über die Ebene bis zum Psilorítis. In einem Wäldchen direkt vor dem Dorf steht die Kirche **Agía Ánna** mit den ältesten Fresken Kretas aus dem Jahr 1225.

Noch eindrucksvollere Freskenmalerei finden Sie in der Kirche Panagía bei **Thrónos** am Ende des Tals. Man sieht auch noch den alten Mosaikboden (vermutlich aus dem 4. Jh. v. Chr.), auf dem die Kirche erbaut wurde.

Auf der Fahrt zurück Richtung **Méronas** auf der Westseite des Beckens kommen Sie durch das Obstbauzentrum. Viele Dörfer auf dieser Talseite erscheinen vergleichsweise neu: Im Zweiten Weltkrieg waren sie zerstört worden, weil man die Bewohner beschuldigte, Partisanen versteckt zu haben. An der Straße zwischen Méronas und Elénes fahren Sie am **Kloster Ágios Ioánnis Theológos** vorbei: Die Ruine birgt verwitterte Reste alter Wandmalereien.

Von hier verläuft die Straße über **Gerakári** und weitere Bergdörfer mit herrlichen Ausblicken über das Tal bis zum Psilorítis-Massiv.

DIE SÜDKÜSTE
Agía Galíni ✱✱✱

In manchen Reisebroschüren wird **Agía Galíni** immer noch als ruhiges Fischerdorf beschrieben, in der Hochsaison jedoch wimmelt es im quirligsten Badeort der Südküste von Touristen, und Bars und Diskotheken laufen auf Hochtouren. Agía Galíni ist ein ungewöhnlicher Ort mit entspannter, lockerer Atmosphäre – ideal für fröhliche Ferien, solange Sie nicht den Frieden eines echten Fischerdorfes erwarten.

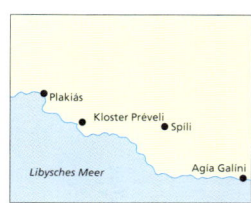

Der Reiz von Agía Galíni besteht größtenteils in seiner Lage: Es erstreckt sich in einem Bergeinschnitt, die Häuser breiten sich den Hang hinunter aus und münden in ein kleines Hafenviertel mit einladenden Tavernen und Restaurants. Tatsächlich kommt man hierher hauptsächlich zum Essen, Dutzende von Restaurants bieten eine immense Auswahl an Speisen an; einige der beliebtesten Tavernen liegen in der Fußgängerzone (bezeichnenderweise »Freßgasse« genannt) hinter dem Hafen. Um diese Straße drängen sich Souvenirläden, Bars und Zimmervermietungen.

Der Tourismus boomt in Agía Galíni, obwohl es keinen besonders schönen Strand besitzt – östlich des Hafens gibt es nur einen schmalen Kies/Sand-Flecken, der in der Hauptsaison meistens überfüllt ist. Allerdings war schon wiederholt ein großer Sandstrand in der Planung. Agía Galíni verfügt außerdem über einen brandneuen, von der EU finanzierten Yachthafen. Da die Südküste Kretas jedoch weitab der üblichen Mittelmeer-Routen liegt, könnte sich dieses Projekt als Fehlinvestition erweisen.

Das Kloster Préveli ✱✱✱

Moní Préveli, einsam hoch über den Klippen der Südküste thronend, gehörte früher zu den reichsten Klöstern Kretas (Öffnungszeiten: tägl. 8–18 Uhr). Heute leben nur noch wenige Mönche hier. Das Kloster ist jedoch vielbesucht, größtenteils wegen seiner Rolle im Zweiten Weltkrieg, als die Mönche die Evakuierung der alliierten Soldaten (per U-Boot) vom nahen Strand aus mitorganisierten. Während der Türkenherrschaft war es wie andere Klöster auch ein bedeutendes Zentrum des Widerstands. Im hinteren Teil des Innenhofs befindet sich eine Kirche aus dem 19. Jh., mit

---

STRÄNDE IN DER NÄHE

Leider ist der Strand von Agía Galíni nicht gerade herausragend, aber es gibt in der Nähe andere Strände für einen Tagesausflug:
- **Ágios Geórgios** ist eine reizvolle Kiesbucht mit zwei Tavernen, entweder zu Fuß (für eine Strecke braucht man 2 Stunden), mit dem Mietwagen oder per Schiff vom Hafen aus zu erreichen.
- **Ágios Pávlos**, der schönste dieser Strände, eine geschützte kleine Bucht, die im Westen von eindrucksvollen Felsen begrenzt wird. Zu erreichen mit dem Auto (via Mélambes) oder mit dem Schiff vom Hafen aus.
- Sie können auch entlang der **einsamen Küste** östlich von Agía Galini spazieren, hier erstreckt sich der lange Kiesstrand bis nach **Kókkinos Pirgos** (zu Fuß 90 Min).

DIE SCHÄTZE VON PRÉVELI

Das **Kloster Préveli** erwarb
den meisten Reichtum
während der türkischen
Besetzung. Da die unbeug-
sam freiheitsliebenden Kreter
ihren Besitz nicht an die
Unterdrücker verlieren woll-
ten, schenkten sie ihn lieber
der Kirche. Das Kloster Préveli
herrschte über ausgedehnte
Olivenhaine, Weide- und
Ackerland und investierte die
Erträge sowohl in Kirchen,
Schulen und Hospitäler als
auch in Ikonen und Bücher.

kostbaren Schnitzereien, einer edlen *ikonostássis* (Altarwand)
sowie dem Goldenen Kreuz, angeblich mit einem Splitter
vom Kreuz Christi. Vor der Kirche finden Sie in einem kleinen (wirklich sehr engen) **Museum** Relikte der
Vergangenheit, darunter schöne alte Silberarbeiten, Leuch-
ter und Weihrauchgefäße. Der Innenhof mit seinem
Brunnen und schattenspendenden Aleppo-Kiefern bietet
phantastische Aussichten aufs Meer.

Strand von Préveli (Palmenstrand) *

Unter den Küstenfelsen östlich des **Klosters Préveli** erstreckt sich der Palmenstrand, früher einmal ein herrliches
Fleckchen Erde. Die kleine Sandbucht liegt an der Mündung
des Flusses, der aus der **Kourtaliótis-Schlucht** fließt. Das
Wasser strömt über kleine Wasserfälle in die Miniatur-Oase
mit Palmen, Oleander und Eukalyptusbäumen. Hinter dem
Strand bildet der Fluß eine kleine Lagune, der Gesamteindruck ist einfach paradiesisch – leider wirkt sich die
Beliebtheit verheerend auf den Palmenstrand aus. Er ist
mittlerweile so überlaufen, daß der ganze Ort zur Müllkippe
verkommt (es gibt weder Abfallkörbe noch Toiletten). Den
Strand erreicht man auf verschiedenen Wegen: am einfach-

Rechts: *Nach der Schlacht
um Kreta bot das Kloster
Préveli an der Südküste den
Alliierten vor ihrer Eva-
kuierung Schutz. Opfer-
gaben von den damaligen
Soldaten sind in der Kirche
zu sehen.*

sten folgen Sie dem Schotterweg, der bei der malerischen alten Brücke im venezianischen Stil von der Straße abzweigt, die zum Kloster Préveli führt, und lassen sich mit einem Zubringerboot um das Kap zum Strand bringen. Als Alternative klettern Sie den steilen Pfad hinab, der ein wenig östlich vom Kloster Préveli über die Klippen direkt zum Strand führt. Von Plakiás aus verkehren auch Ausflugsboote.

Oben: *Hier begegnen sich Berge und Meer: die Küste bei Plakiás im Südwesten Kretas.*

Plakiás **

Die weitgestreckte Bucht von Plakiás, umgeben von schroffen Berggipfeln, gehört zu den reizvollsten an der gesamten Südküste. Das alte Dorf mit seinem winzigen Hafen liegt am westlichen Ende eines langen Sandstrandes, dem Tamarisken Schatten spenden. In der Nähe des Hafens gibt es einen Kiesstrand; nach Osten in Richtung der felsigen Landzunge wird der Sand feiner und der Strand einsamer. Die große Bucht ist ziemlich exponiert und windig und wegen der steifen, meist ablandigen Brise am Nachmittag bei Surfern besonders beliebt.

Der Ort selbst hat sich in den letzten Jahren zur Touristenattraktion entwickelt, demzufolge stampft man überall eilig neue Gebäude aus dem Boden. Zur Zeit geht es aber noch recht ungezwungen und locker zu. Im Ortszentrum nimmt die Anzahl der Bars, Läden und Tavernen ständig zu, jenseits der Uferstraße gibt es sogar schon eine Diskothek.

Besonders im Frühling ist Plakiás ein lohnendes Ziel. Oberhalb des Ortes finden Sie inmitten blühender Wildblumen an den Berghängen wunderschöne, einsame Wege ringsum die Dörfer **Mírthios** und **Sellía**, die allemal einen kurzen Abstecher lohnen.

NOCH MEHR STRÄNDE

Im Osten von Plakiás liegen einige andere schöne Strände, die zu Fuß gut zu erreichen sind:
• Zum **Strand von Damnóni** geht man ungefähr eine halbe Stunde (über einen Abzweig von der Straße nach Lefkógia). Es ist eine hübsche Sandbucht mit zwei Tavernen, allerdings auch mit großem Hotelkomplex.
• **Die Schweinebucht**, eine andere schöne kleine Bucht gleich hinter Damnóni.
• Als nächstes kommt der **Amoúdi-Strand** in einer bezaubernden Bucht: Tamarisken spenden Schatten, es gibt nur ein Hotel, und die Felsküste lädt zum Schnorcheln ein.

Réthimnon auf einen Blick

ANREISE

Die Stadt **Réthimnon** ist über die neue Straße (New Road) entlang der Nordküste 78 km von Iráklion und 59 km von Chaniá entfernt. Busse verkehren stündlich nach und von Iráklion und Chaniá.

VERKEHRSMITTEL

In **Réthimnon Balí, Agia Galíni und Plakiás** gibt es jede Menge **Auto- und Motorradvermietungen.**
Zum **Kloster Arkádi** gibt es eine bequeme **Busverbindung.**
Balí erreichen Sie mit öffentlichen Verkehrsmitteln, indem Sie einen Bus von Réthimnon nach Iráklion nehmen, nach dem Balí-Stop an einer Shell-Tankstelle fragen und die letzten 2 km zu Fuß zurücklegen. Zum **Psilorítis, Amári-Becken, Kloster Préveli** und **Palmenstrand** gelangen Sie am besten mit eigenem Fahrzeug. Nach Agía Galíni fahren von Iráklion und Réthimnon häufig Busse (tägl. zwischen 6 und 8 Uhr). Plakiás erreichen Sie direkt von Réthimnon aus (tägl. 5 Busse) oder über Agía Galíni (zweimal tägl.).

ÜBERNACHTEN

Réthimnon
MITTELKLASSE
Hotel Grecotel Rithymna Beach, Tel.: 08 31/2 94 91, Fax: 08 31/7 16 68. Beliebtes Familienhotel am Strand, 7 km bis zum Zentrum; drei Pools, Fitness-Club, Wassersportzentrum. (Kat. A)
Hotel Orion, Tel.: 08 31/7 14 71, Fax: 08 31/7 14 74. Am Strand, 7 km bis zum Zentrum, Pool, Dachterrasse. (Kat. B)
Mythos Suites Hotel, Odós Karaoli Dimitriou 12, 7410 Réthimnon, Tel.: 08 31/5 39 17, Fax: 08 31/5 10 36. Neue Studio/Apartment-Anlage, gutausgestattete Zimmer, Pool. (Kat. B)
Hotel Fortezza, Odós Melisinou 16, 7410 Réthimnon, Tel.: 08 31/2 38 28, Fax: 08 31/5 40 73. Geschmackvoll eingerichtet, zentrale Lage, Pool. (Kat. B)
The Byzantine, Vosporou 26, Pl. 4 Martyron, 7410 Réthimnon, Tel.: 08 31/5 56 09. Der in der Altstadt versteckte ehemalige Palast ist wunderschön renoviert und mit Antiquitäten eingerichtet. Elegant, abgeschieden, sehr stilvoll. (Kat. B)
Hotel Ideon, Pl. Plastíra 10, 7410 Réthimnon, Tel.: 08 31/2 86 67, Fax: 08 31/2 86 70. Modernes Großhotel, schöne Lage in der Altstadt direkt am Wasser. Pool. (Kat. B)
PREISWERTE UNTERKÜNFTE
Seeblick, Pl. Plastíra 17, 7410 Réthimnon, Tel.: 08 31/2 24 78. Am Meer in der Altstadt, preisgünstig, in der Saison oft ausgebucht. (Kat. C)

Balí
Balí Beach Hotel, Tel.: 08 34/9 42 10, Fax: 08 31/9 42 52. Obwohl sehr groß, recht reizvoll in Hanglage gebautes Hotel mit eigenem kleinen Strand. (Kat. B)

Agía Galíni
MITTELKLASSE
Andromeda, 74056 Agía Galíni, Tel.: 08 32/9 12 64, Fax: 08 32/9 14 39. Nette Lage oberhalb des Ortes. (Kat. B)
Pension Stella, 74056 Agía Galíni, Tel.: 08 32/9 13 57. Ruhige Lage in Zentrumnähe, saubere Zimmer, freundliches Management. (Kat. B)
PREISWERTE UNTERKÜNFTE
Fevro Hotel, 74056 Agía Galíni, Tel.: 08 32/9 12 75, Fax: 08 32/9 14 75. Kleines, freundliches Hotel in Zentrumnähe. (Kat. C)
Hotel Glaros, 74056 Agía Galíni, Tel.: 08 32/9 11 59. Modernes, schön gestaltetes Hotel in den Hang gebaut (kein Aufzug). (Kat. C)
Irini Mare, 74056 Agía Galíni, Tel.: 08 32/9 14 88, Fax: 08 32/9 11 66. Elegantes neues Hotel in Strandnähe; geschmackvolle, geräumige Zimmer, Pool. (Kat. C)

Plakiás
MITTELKLASSE
Neos Alianthos Hotel, 74060 Plakiás, Tel.: 08 32/3 12 80. Neues Hotel mit geräumigen, hellen Zimmern. Pool. Fünf Minuten bis zum Ortszentrum. (Kat. B)
Hotel Lamon, 74060 Plakiás, Tel.: 08 32/3 12 05. Direkt hinter der Straße am Strand, einfache, aber nette Zimmer. (Kat. B)
PREISWERTE UNTERKÜNFTE
Plakiás Bay Hotel, 74060 Plakiás, Tel.: 08 32/3 12 15, Fax: 08 32/3 19 51. Herrliche Lage am Ostende der Bucht, 28 Apartments mit Terrasse. Sehr hübsches, einladendes Hotel. (Kat. C)
Hotel Livykon, 74060 Plakiás, Tel.: 08 32/3 12 16. An der Uferstraße, reell und preiswert. (Kat. C)
Hotel Sophia, 74060 Plakiás,

Réthimnon auf einen Blick

Tel.: 08 32/3 12 51. Preiswerte Unterkunft direkt hinter dem Ort. (Kat. C)
Secret Nest, 74060 Plakiás, Tel.: 08 32/3 12 35. Guteingerichtete Zimmer und Apartments über dem Restaurant gleichen Namens. (Kat. C)

RESTAURANTS, CAFÉS

Réthimnon
Seven Brothers, Am Hafen, jedoch vergleichsweise preiswert. Spezialität: Auf Holzkohle gegrillter Fisch.
Palazzo, Am Hafen, man kann auch auf der gemütlichen Dachterrasse essen.
Vassilis, wenn Sie den ewigen Hafenblick leid sind, ist dieses Restaurant eine Alternative – das Innere schmücken Unmengen alter Gemälde und Fotos. Am Hafen.
Alana, Salaminos 11. Hübscher schattiger Garten in der Altstadt, reichhaltige Speisekarte.
Vangela, Platía Peticháki. Nahe des Rimondi-Brunnens, sehr gut besucht und lebhaft. Manchmal wartet man etwas länger auf das Essen, dafür ist es aber ausgezeichnet.
Agía Galíni
Rocka's, ausgezeichnete Musik-Bar mit Blick auf den Platz, Terrasse, hervorragende Küche, Cocktails.
La Strada, Tel.: 08 32/9 12 62. Beliebtes italienisches Restaurant mit großer Auswahl an Pizza und Pasta.
Madame Ordans, Tel.: 08 32/9 12 15. Hübsch gelegen mit Blick auf den Hafen, bietet sich an für einen besonderen Abend

(Steaks, Hummer etc.)
Incognito, Tel.: 08 32/9 14 14. Rummelige Musik-Bar in einer der hinteren Straßen.
The Garden of Chrysanthemum, Tel.: 08 32/9 12 77. In ruhigem blumenreichen Garten auf dem größten Platz. Gute Küche und relativ preiswert.
Plakiás
Sunset Taverna, auf der schmalen Landzunge im Westen des Ortes, angemessene Preise.
Julia's, ausgezeichnete innovative vegetarische Küche, Snacks, leichte Mahlzeiten und Suppen.
Christos, beliebte Taverne mit großer, von Tamarisken beschatteter Terrasse.
Palígremnos, kretische Tavernenkost; mit vielen Gemüsegerichten; auch Kuchen und Süßspeisen.

AUSFLÜGE

Vom Hafen in Réthimnon finden täglich Schiffstouren statt: mit der Scorpios in östliche Richtung nach **Pánormos** und die **Scaléta-Meereshöhlen**. Die *Creta Wave* fährt täglich westwärts die Küste entlang nach **Georgioúpolis** und zur **Bucht von Sóuda**. Beide Schiffe legen vom inneren Hafen ab, hier gibt es auch ein Piraten-Schiff mit

täglichen Fahrten die Küste entlang.
Geführte Wanderungen (kleine Gruppen) in fünf verschiedenen Gebieten der Umgebung bietet **The Happy Walker**, Odós Tobazi 56, 74100 Réthimnon, Tel./Fax: 08 31/5 29 20. Hier gibt es auch das **Mountain Climbing Büro**, das Trekkingtouren, Mountainbike-Fahrten und Klettertouren anbietet. M. Portaliou 31, 74100 Réthimnon, Tel.: 08 31/2 27 10/2 22 29. Bevor Sie einen größeren **Ausflug** planen, sollten sie sich gutes **Kartenwerk** besorgen. **Vorsicht:** Die Griechen haben einen anderen Begriff von der »Befahrbarkeit der Straßen«.

NÜTZLICHE ADRESSEN

Touristbüro, Eleftheríou Venizélou, Réthimnon, Tel.: 08 31/2 91 48. An der Uferpromenade. Geöffnet Mo bis Fr 8.00–15.00 Uhr.
Touristen-Polizei, Tel.: 08 31/2 81 56. Im selben Haus wie das Touristenbüro.

RÉTHIMNON	J	F	M	A	M	J	J	A	S	O	N	D
Ø Temperatur °C	15	16	17	20	24	28	30	30	27	24	21	17
Sonnenstunden tägl.	5	5	5	7	10	11	12	11	9	6	5	5
Niederschlag in mm	138	94	78	37	12	6	1	2	21	90	72	110
Regentage	16	13	10	7	3	1	0	1	3	8	10	15

6
West-Kreta

Die Präfektur Chaniá umfaßt den gesamten Westteil der Insel. Zu ihm gehören die wildromantischsten und einsamsten Landschaften Kretas. Hier gibt es keine Attraktionen nach Art minoischer Paläste, dafür eine rauhe Bergwelt, beschauliche abgelegene Straßen, die zu bezaubernden Dörfern führen, und versteckte Buchten und Strände, die nur darauf warten, entdeckt zu werden.

In **Chaniá**, der Hauptstadt des Distrikts, steht ein historisches Gebäude neben dem anderen. Es ist die zweitgrößte und zweifellos schönste Stadt Kretas mit dem malerischsten Hafen. Von hier aus eröffnen sich wunderbare Ausflugsmöglichkeiten in den äußersten Norden des Bezirks, wie zu der nahegelegenen **Halbinsel Akrotíri** und nach **Rodopoú**. Hinter der dritten (fast unzugänglichen) **Halbinsel Gramvoússa** verbergen sich entlang der rauhen Westküste einige herrliche Strände. Am einfachsten erreicht man noch **Falássarna**, einen hübschen Flecken, der die mühselige Anreise durchaus lohnt. An der weit im Südwesten liegenden Spitze der Insel liegt **Elafoníssi** in einer der wenigen Küstengebiete, die nie sehr bewohnt waren: Hier sind die Hauptattraktionen einfach nur Sand, Sonne und Meer.

Die Südhälfte des Distrikts wird von den kargen Gipfeln der **Lefká Óri** (Weiße Berge) beherrscht. Durch dieses undurchdringliche Massiv lassen sich kaum Straßen bauen, und viele kleine Badeorte an der Südküste (wie **Loutró** und **Agía Rouméli**) sind nur mit dem Schiff erreichbar. Nach **Agía Rouméli** gelangt man allerdings auch zu Fuß – durch die **Samariá-Schlucht**, die längste Schlucht Europas und Kretas populärste Wanderstrecke.

Kretisches Meer

Chaniá · Iráklion
Réthimnon
· K R E T A · Sitía
Agía
Galíni · Ierápetra

SEHENSWERTES

*** Hafen und Altstadt von **Chaniá**
*** Strände von **Falássarna** und **Elafoníssi**
*** Wanderung durch die **Samariá-Schlucht**
** Das **Archäologische Museum** in Chaniá
** Ein Ausflug nach **Loutró**
* Die Klöster auf der **Akrotíri-Halbinsel.**

Gegenüber: *Das Kloster Agía Triáda aus dem 17. Jh. auf der Akrotíri-Halbinsel.*

KRETAS HAUPTSTADT

Am Ende der türkischen
Besatzung im Jahr 1898 er-
nannte man Chaniá zur
Hauptstadt des unabhängigen
Kreta unter den Großmäch-
ten. Auch nach dem Anschluß
Kretas an Griechenland im
Jahr 1913 blieb es Haupt-
stadt, und erst im Jahr 1971
trat es diese Rolle an die heutige Hauptstadt Iráklion ab. In
Bezug auf Kunst und Bildung
gilt die Stadt immer noch als
bedeutendstes Zentrum und
beherbergt sowohl den Ge-
richtshof als auch die Fachbe-
reiche Kunst und Architektur
der Universität von Kreta.

Chaniá ✦✦✦

Bei einem Drink in einem eleganten Café an der hübschen
Hafenpromenade in **Chaniá**, vor sich die majestätisch über
die Dächer ragenden Weißen Berge, fällt es schwer zu glauben, daß die Stadt eine so lange und turbulente Geschichte
aufweist. Ursprünglich wurde sie von **Kydon** (einem Enkel
des König Minos) gegründet und ihm zu Ehren Kydonia genannt. Nach dem Untergang von Knossós wurde sie zum
Zentrum mykenischer Macht auf der Insel und blühte weiter während der griechischen und römischen Epochen.
Unter den Venezianern erhielt die Stadt den Namen **La
Canea**; in dem Zeitraum zwischen 1266 und 1290 übernahmen die Genueser für kurze Zeit die Macht, und nach ihrer
Rückkehr verstärkten die Venezianer die Hauptzitadelle,
den Hügel mit dem heute noch erhaltenen und interessanten **Kastélli-Viertel**.

Im 16. Jh. zwang die Bedrohung türkischer Piraten die Venezianer dazu, ihre Befestigungsanlagen noch weiter auszubauen. Das zeigte allerdings wenig Wirkung. Im Jahr 1645 nahmen die Türken die Stadt ein und machten sie zum Sitz des Pascha und zur Hauptstadt der Insel. An vielen venezianischen Bauten hinterließen die Türken ihre Spuren, so daß sich in der Altstadt eine architektonische Vielfalt entwickelte, die bis heute erhalten blieb.

Im Zweiten Weltkrieg lag Chaniá während der **Schlacht um Kreta** nahe am Kampfgeschehen, und vieles in der Stadt wurde durch Bomben völlig zerstört. Zum Glück blieb der alte Teil verschont. Wenn Sie die Vororte erst einmal hinter sich haben, werden Sie feststellen, daß man sich in Chaniá relativ leicht zurechtfindet. Die von Réthimnon kommende Hauptstraße mündet auf die **Platía 1866**, einen schattigen Platz am Rand der alten und neuen Stadtviertel von Chaniá. Direkt daneben befindet sich der **Busbahnhof** und am östlichen Rand des Platzes das **Touristenbüro**.

Zur großen Markthalle gehen Sie fünf Minuten in östliche Richtung (die Giánari hinunter), nordwärts beginnt am Platz die **Chalidou** (Juwelier- und Souvenirläden in Hülle und Fülle), die hinunter zum Hafen führt. Auf halbem Weg liegt auf der rechten Seite ein kleiner Platz mit der Kathedrale von Chaniá. Auf der linken Seite finden Sie das **Volkskunde-Museum** und das **Archäologische Museum**.

Die Chalidou endet auf einem belebten Platz, der die Grenze zum Hafen bildet – deshalb auch Hafen-Platz genannt (offiziell heißt er Platía Sandriváni). Über das Wasser

Oben: *Die stillen Gassen in der Altstadt von Chaniá mit ihrer bunten Mischung aus türkischer und venezianischer Architektur laden zum Spaziergang ein.*

MUSIK UND TANZ

Traditionelle kretische Musik und Tänze erleben Sie am besten im malerischen **Café Kriti**, Kalergón 22. Hier spielen jeden Abend einige schwarzgekleidete, schnauzbärtige Musiker ab 19 Uhr; sie kommen aber kaum vor 21 Uhr richtig in Fahrt.

Das winzige Café in einem alten verfallenen Hafengebäude füllt sich rasch mit Touristen und Einheimischen, die sich in fröhlichem Tanz vereinen.

In der alten Bastion **Fírkas,** westlich des Innenhafens, finden jeden Donnerstagabend ab 21 Uhr original griechische Tänze statt.

Wagen Sie ruhig auch einmal ein Tänzchen.

---

fällt der Blick direkt auf den alten **venezianischen Leuchtturm,** der den Hafeneingang bewacht. Rechts erhebt sich die große weiße Kuppel der **Janitscharen-Moschee,** die bis vor kurzem eine Zweigstelle des Verkehrsbüros beherbergte. Zur Zeit wird sie für andere Zwecke renoviert. Nach rechts geht es zum Fischerei- und Yachthafen, dessen Hintergrund eine Reihe **venezianischer Arsenale** bilden. Einige der verfallenen Bauten wurden restauriert, hier finden im Sommer Ausstellungen und andere kulturelle Veranstaltungen statt.

Hinter den Arsenalen liegt der kleine **Hügel Kastélli,** das älteste Wohnviertel der Stadt. Hier kann man wunderbar durch die engen Gassen schlendern und an den zauberhaften, blumengeschmückten Häuserfronten noch Teile der alten Mauern und Steinmetzarbeiten entdecken.

Die Hafenmole umschließt von der Seeseite den großen Halbkreis der **Aktí Koundourióti.** Hier am Alten Hafen, dem Schmuckstück Chaniás, ist es am schönsten spätabends, wenn sich die Lichter unzähliger Restaurants und Cafés auf dem Wasser spiegeln und sich alle Welt auf *vólta* begibt.

Am Ende der langen Reihe der Restaurants steigt die Straße an zum **Fort Fírkas,** einer niedrigen venezianischen Bastion. Von dort haben Sie einen wunderbaren Blick auf den Hafen. In einem Gebäudetrakt ist das **Nautische Museum** untergebracht.

Hinter dem Hafen und den Befestigungsanlagen liegt das Zentrum der Altstadt, ein pittoreskes Labyrinth aus kleinen Gassen und Straßen. Hier lassen sich hervorragende Beispiele historischer türkischer Erker und venezianischer Fassaden finden. Dieser Stadtteil entwickelte sich zum beliebtesten Einkaufsviertel besonders für Kunsthandwerk, vor allem in und um die Odós Theotokopoúlou (nach El Greco benannt). Ganz in der Nähe befindet sich das **Renieri-Tor** mit einer Inschrift aus dem Jahr 1608.

Archäologisches Museum **

Die unscheinbare Fassade des Museums (Öffnungszeiten: tägl. 8–20 Uhr, an Wochenenden 8.30–17 Uhr, Mo geschlossen) läßt kaum auf das elegante Innere schließen: Der überwölbte Innenraum der ehemaligen Kirche San Francesco bil-

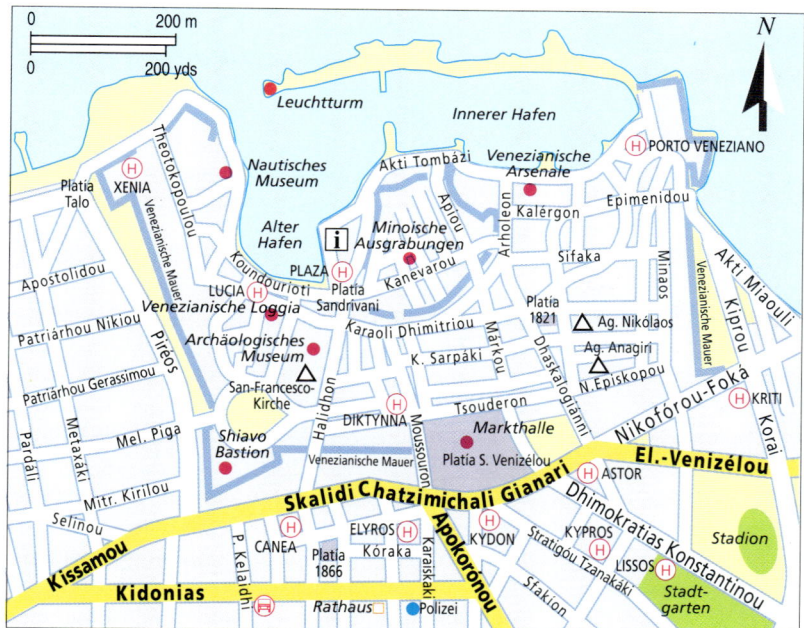

det einen angemessenen Rahmen für die hervorragend präsentierte Sammlung. Neben minoischen Töpfereien gibt es einige interessante *pithoi* (Vorratskrüge) und *larnakes* – verzierte Steinsarkophage. Im hinteren Teil des Museums gruppieren sich griechisch-römische Skulpturen, Glasvasen und lebhafte Mosaiken. In dem stillen Innenhof stehen ein altes türkisches Brunnenhaus sowie die Ruine eines türkischen **Minaretts**.

Kretisches Volkskunde-Museum ★★

Das versteckt im Kreuzgang der katholischen Kirche gelegene kretische Volkskunde-Museum (Öffnungszeiten: Mo bis Fr 9–13 und 18–21 Uhr, Sa 9–14 Uhr, So und Feiertage geschlossen) beherbergt alte Webstühle, Wandteppiche und interessante Kunstgewerbe-Exponate.

Nautisches Museum

Moderne Schiffsmodelle und U-Boote neben historischen Relikten und Darstellungen großer Seeschlachten (Öffnungszeiten: tägl. 10–16 Uhr, So geschlossen).

Historisches Museum und Archive ★

Alte Fotografien und Exponate aus dem kretischen Freiheitskampf. Das Museum (Öffnungszeiten: Mo bis Fr 9–13.30 Uhr und 15.30–17.30 Uhr) besitzt außerdem ein Archiv.

Der **Heilige Johannes**, im 11. Jh. einflußreicher Erneuerer des Christentums auf Kreta, verbrachte die letzten Lebensjahre als Eremit in einer abgelegenen Höhle auf der Akrotíri-Halbinsel. Er starb angeblich durch den Pfeil eines Jägers, der ihn irrtümlich für ein wildes Tier hielt. Am **7. Oktober**, Festtag des Heiligen Johannes, beginnt eine große Pilgerreise zur Akrotíri. Die Teilnehmer begeben sich zuerst zum Kloster Gouvernéto, wo sie vom Bischof den Segen empfangen. Dann beginnt der beschwerliche Abstieg in die Höhle.

DIE AKROTÍRI-HALBINSEL *

Im Osten von Chaniá ragt die **Akrotíri-Halbinsel** ins Meer heraus; sie trennt den Golf von Chaniá von der großen, geschützten Bucht von Sóuda. Eine Fahrt über die Halbinsel ist ein lohnender Halb- oder Ganztagsausflug.

Der natürliche Hafen der **Sóuda-Bucht** ist ein wichtiger Marinestützpunkt (Fotografieren verboten) und die Anlegestelle der Fähren von Piräus. Auf der Akrotíri-Seite der Bucht liegen das große NATO-Gelände (Abschußbasen für Cruise Missiles mit Ziel Libyen) und dahinter der Flughafen von Chaniá. Weiter nach Norden gewinnt die Landschaft zusehends an Reiz, das Gelände wird bis zum äußersten Ende der Akrotíri immer steiler und felsiger.

Erstes Ziel ist das große und guterhaltene **Kloster Agía Triáda** (Öffnungszeiten: tägl. 7–14 und 17–19 Uhr). Es wurde im 17. Jh. in venezianischem Renaissance-Stil erbaut. Hinter der grandiosen Außenfassade verbirgt sich ein zentraler Innenhof, der von der **Klosterkirche** bestimmt wird. Diese beherbergt eine reich verzierte *ikonostássis* (Altarwand) und interessante Fresken, darunter einige aus jüngerer Zeit. Sie können den Glockenturm besteigen und von oben den Rundblick über das umliegende flache

Rechts: Das Kloster Agía Triáda wurde von venezianischen Kaufleuten, der Familie Tzangaroli, erbaut und war schon immer recht wohlhabend – dank ausgedehnter Ländereien, auf denen heute noch die Mönche Olivenhaine und Weinfelder bewirtschaften.

Gelände und die zum **Kloster** gehörenden ausgedehnten Olivenhaine genießen. Im Eingangsbereich ist ein kleines **Museum** untergebracht, das Ikonen aus dem 16. und 17. Jh., holzgeschnitzte Amulette und eine Pergamentrolle aus dem 12. Jh. beherbergt.

Fahren Sie von Agía Triáda noch 4 km weiter. Hinter einer malerischen kleinen Schlucht gelangen Sie zum **Kloster Gouvernéto** (Öffnungszeiten: tägl. 7–12 und 15–19 Uhr) inmitten felsiger Einöde. Der friedliche baumbestandene Hof innerhalb der wehrhaften Klostermauern verstärkt noch die stimmungsvolle Atmosphäre. Bei genauer Betrachtung der Kirchenfassade entdecken Sie Monsterköpfe und andere fremdartige Verzierungen, die überhaupt nicht zum venezianischen Stil passen. Es gibt auch ein kleines Museum mit einer Ikonen-Sammlung.

Für Abenteuerlustige führt ein steiniger Pfad (Rundgang von ungefähr 2 Stunden) zur Ruine des **Klosters Katholikó**, die sich ausgesprochen dramatisch am Grund einer tiefen Schlucht befindet. Das Kloster wurde im 16. Jh. wegen der ständigen Piratenüberfälle aufgegeben. Kurz vor dem Klostereingang liegt die Höhle des Heiligen Johannes, ein tiefer, dunkler Schlund mit unzähligen, von der Decke herabhängenden Stalaktiten (Es ist zu empfehlen, eine Taschenlampe mitzunehmen).

Auf dem Weg zurück über Agía Triáda in den Westteil der Halbinsel gelangen Sie an den Strand von Stavrós, hier können Sie sich in einer der Strandtavernen erholen. **Stavrós**, ein entzückender kleiner Strand, ideal für Kinder, wird von mächtigen Klippen gesäumt; der Ort verdankt seinen Ruhm der Schlußszene aus dem Film Alexis Sorbas, die hier gedreht wurde. Der Strand ist daher ein beliebter Tagesausflug von Chaniá und leider in der Hochsaison von Touristen, die sich den Drehort einmal selbst ansehen wollen, ziemlich überlaufen.

Auf der Rückfahrt zur Stadt kommen Sie am historischen **Grab von Venizélos** vorbei. Hier ruhen die letzten Überreste von Eleftheríos Venizélos und seinem ebenfalls hier begrabenen Sohn Sophoklís. Von hier aus hat man einen hervorragenden Ausblick auf die im Westen liegende ehemalige Hauptstadt.

Unten: *Seltsame Skulpturen schmücken die Fassade des Klosters Gouvernéto auf der Halbinsel Akrotíri.*

Georgioúpolis ★★

Obwohl sich das hübsche Dorf unterhalb von **Kap Drá-panon** zunehmend den Ruf eines der besten Badeorte Kretas erobert, konnte es sich bis jetzt seine friedliche, entspannte Atmosphäre bewahren.

Der Reiz von **Georgioúpolis** liegt zum Teil darin, daß es immer grün und frisch wirkt: der **Almirós** fließt am nördlichen Ortsrand vorbei und versorgt die vielen Eukalyptus-bäume und Zypressen mit Wasser.

Hohes, dichtes Schilf beschirmt den Strand; dieser um-rundet sanft die Bucht und erstreckt sich kilometerweit nach Osten. Unmittelbar am Ort kann man im flachen Wasser ziemlich sicher baden, Vorsicht jedoch vor gefährlichen Strömungen an den ausgesetzteren Strandabschnitten! Ein kleiner Sandstrand liegt nördlich der Flußmündung.

Das Zentrum des Ortes bildet ein großer Platz, dem hohe alte Eukalyptusbäume Schatten spenden. Hier kann man wunderbar sitzen und den Tag ausklingen lassen. Um den Platz stehen einige gute Tavernen, die sich auf Meeres-früchte spezialisiert haben.

See von Kournás ★

Ein beliebter Spazierweg führt 4 km landeinwärts von Georgioúpolis zum idyllischen **See von Kournás**. Mit sei-nem klaren Wasser, in dem sich die umliegenden Hügel und Berghänge spiegeln, strahlt der einzige Süßwassersee Kretas eine beschauliche Ruhe aus. Natürlich gibt es auch eine Fahrstraße, und am Wochenende treffen sich die Einhei-mischen gern zum Grillen am See. In der kleinen Taverne am Seeufer kann man Ruderboote und Pedalos mieten. Wie auch der nahegelegene **Fluß Almirós** bietet sich der See von Kournás zum Beobachten von Vögeln an: Um das gesamte Ufer verläuft ein Pfad. Für den Rundgang benötigt man ca. 1 Stunde.

Unten: Friedliche Szenerie auf der Mole des hübschen Ortes Georgioúpolis. Trotz seiner Attraktivität als Ferienort gestaltet sich der Alltag nach wie vor eher ge-ruhsam.

DIE HALBINSEL RODOPOÚ ★

Die **Halbinsel Rodopoú** erstreckt sich 18 km weit nach Norden und ist ein einsames schroffes, verkehrstechnisch kaum erschlossenes Gebiet. Allerdings gibt es einige aben-teuerliche Wanderrouten.

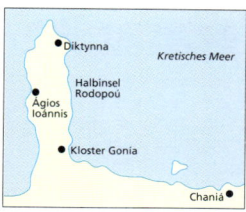

Links: *Im kristallklaren Wasser des Kournás-Sees, dem einzigen Süßwassersee der Insel, spiegeln sich die umliegenden Hügel.*

Das nette kleine Dorf **Kolimbári** am Fuß der Halbinsel besitzt einen langen Kiesstrand und einige auf Fisch spezialisierte Tavernen – in den Sommermonaten ein beliebter Abendausflug von Chaniá aus. Gleich hinter dem Ort auf der östlichen Seite der Halbinsel liegt das **Kloster Goniá** aus dem 17. Jh. mit einer sehenswerten Ikonensammlung. Das Kloster (Öffnungszeiten: Mo–So, 14–17 Uhr geschlossen) war oft Ziel zahlloser Angriffe (meistens von den Türken). Irgendwann verbrannte auch die einzigartige Bibliothek, das Kloster wurde jedoch immer wieder aufgebaut. Die bedeutende Ikonensammlung befindet sich in einem kleinen Museum innerhalb des viereckigen Gebäudekomplexes, zu den wertvollsten gehören die Ikonen des kretischen Malers **Konstantinos Palaiokapas**. Nördlich des Klosters steht die moderne Orthodoxe Akademie von Kreta.

Die asphaltierte Straße endet nach 3 km im winzigen Dorf **Afráta**, umgeben von Weinfeldern und Olivenhainen. Von hier geht es über eine Schotterpiste zum Hauptort **Rodopós** mit mehreren Cafés und Tavernen.

Für den weiteren Weg zum historischen Heiligtum **Díktynna** auf der Spitze der Halbinsel oder zu der kleinen Kapelle **Ágios Ioánnis** brauchen Sie gute Wanderschuhe. Zur Zeit der Römer war Diktynna das bedeutendste Heiligtum West-Kretas, und einige Statuen aus dem Tempel stehen heute im Museum in Chaniá. Jedes Jahr am 29. August machen sich Tausende auf den beschwerlichen Fußmarsch zur Kapelle Ágios Ioánnis zu Ehren des Heiligen Johannes des Täufers. Die Veranstaltung gipfelt in einer Massentaufe aller Jungen, die Johannes heißen.

MIT DEM BOOT ZUM HEILIGTUM

Das **Díktynna-Heiligtum** auf der Halbinsel Rodopoú ist der gleichnamigen Göttin gewidmet, die in diesem Teil der Insel besonders verehrt wurde. Der Tempel der Natur-Göttin und Jägerin soll von riesigen, bärenstarken Hunden bewacht worden sein. Man kann den Ort gut mit dem Ausflugsboot von Chaniá aus besuchen. Die Schiffe steuern eine geschützte Bucht unter dem Tempel an, in der Sie wunderbar schwimmen können und auch noch Zeit genug haben, die Ruinen zu erkunden. (Einzelheiten der Tagestour bei der EOT in Chaniá.)

Unten: *Die weitgeschwungene Bucht von Falássarna, einer der besten Strände der Westküste, wird vom vorspringenden Koutrí im Norden geschützt.*

DIE WESTKÜSTE
Falássarna ✳✳✳

Hinter der Halbinsel Rodopoú erreicht die Küstenstraße bald **Kastélli Kissámou**, eine Provinzstadt, die außer original kretischen *kafenía* um den Dorfplatz, einigen Läden und einer Bank für Touristen kaum Interessantes zu bieten hat.

Die Straße führt dann zum Dorf **Plátanos**, hier kommen Sie an einen Abzweig mit Hinweisschild nach **Falássarna**. Der Umweg lohnt sich, obwohl der herrliche Strand längst kein Geheimtip mehr ist. Während Sie eine Reihe von Haarnadelkurven hinabfahren, öffnet sich vor Ihnen eine weite Bucht mit breitem halbmondförmigen Sandstrand, der sich bis zur Landzunge von Kap Koutrí erstreckt.

Das flache Gelände hinter dem Strand wird von den allgegenwärtigen Plastikgewächshäusern beherrscht; am Ende der asphaltierten Straße stehen eine Reihe Tavernen, eine Strandbar und ein Campingplatz. Der Strand selbst senkt sich sanft zum azurblauen Wasser und bietet soviel Platz, daß man sich genüßlich ausbreiten kann.

Wenn Sie genug Sonne getankt haben, können Sie über eine holprige Schotterpiste zur ca. 2 km nördlich gelegenen Ausgrabungsstätte des antiken Falássarna fahren. Zwischen zerfallenen Mauern und einem runden Turm führen eine Reihe von Kanälen zum Meer; direkt hinter dem Gelände ragt ein großer, aus dem Felsen gehauener »Thron« mitten aus der Macchia. Über dessen Ursprünge und Zweck besteht Unklarheit.

Elafoníssi ✳✳✳

Am äußersten südlichen Zipfel liegt **Elafoníssi**, der zweite traumhaft schöne Strand an der Westküste. Es gibt zwei Möglichkeiten der Anreise: Sie können die wildromantische Küstenstraße von Plátanos aus

Links: *Das einsam auf einer Bergspitze thronende Kloster Chrissoskalitíssa stammt aus dem 13. Jh., allerdings wurde die jetzige Kirche später erbaut. Seinen Namen verdankt das heutige Nonnenkloster der Legende von seiner goldenen Stufe, »chrissí skála«.*

nehmen; sie ist größtenteils unbefestigt, aber gut zu fahren, und ständig kommen neue Asphaltabschnitte hinzu. Die Straße schlängelt sich um die Klippen und bietet schwindelerregende Blicke auf die Ägäis, führt an der Bucht von Sfinári und an Stomíou vorbei und erreicht schließlich das **Kloster Chrissoskalitíssa** im Südwesten. Bei Stomíou trifft sie auf die Straße von Kastélli Kissámou, die über Schluchten und Berge das Landesinnere durchquert.

5 km hinter dem Kloster Chrissoskalitíssa gelangen Sie an den einzigartigen Strand von Elafoníssi: Von allen anderen Sandstränden unterscheidet sich dieser durch seine ausgesprochen tropischen Farben – sanfte rosa-weiße Sandstrände säumen eine halbrunde Lagune mit warmem, türkisblauen Wasser. **Elafoníssi** ist eigentlich der Name der kleinen, vorgelagerten Insel, zu der Sie durch das knietiefe Wasser waten können.

In der Hauptsaison öffnen eine Reihe Tavernen und Snack-Bars, überall kann man Liegen und Sonnenschirme mieten. Vor weiterer touristischer Entwicklung blieb Eleafoníssi bis jetzt verschont – trotz wachsender Beliebtheit ist es immer noch ein Idyll. Sie können den Strand auch per Bus erreichen (verkehrt tägl. von Chaniá) oder mit dem Ausflugsboot von Paleochóra (fährt einmal tägl. hin und zurück).

DIE GOLDENE STUFE

Das aus dem 13. Jh. stammende **Kloster Chrissoskalitíssa** ist der Heiligen Jungfrau der Goldenen Treppe geweiht; 90 Stufen führen von der Kuppe, auf der das Kloster steht, hinunter zum Meer, und eine davon soll aus purem Gold bestehen – erkennen kann sie jedoch nur, wer völlig ohne Sünde ist.

KASTANIENFEST

Auf der Fahrt über Land nach **Elafoníssi** kommen Sie durch einige schöne Kastanienwälder. Obwohl sie heute nicht mehr so ausgedehnt sind wie früher, bilden sie die wirtschaftliche Grundlage des reizvollen, baumreichen Ortes Élos. Hier findet Ende Oktober ein großes **Kastanienfest** statt. Den genauen Termin erfährt man bei der EOT in Chaniá.

Paleochóra **

Der Ort **Paleochóra** liegt auf einer kleinen, ins Meer herausragenden Halbinsel und ist fast völlig von Wasser umgeben.
Mit den schroffen Südhängen der Lefká Óri im Rücken besitzt Paleochóra eine unvergleichlich schöne Lage und hat
sich in den letzten Jahren zu einem der belebtesten Touristenorte im Südwesten der Insel entwickelt.

Bis jetzt blieben Paleochóra Hotelburgen aus Beton erspart, die Großbaustelle am Hang westlich des Ortes mit eigenem Straßensystem ist nicht, wie man vielleicht denken
könnte, der Beginn des Massentourismus. Hier bauen jene
Bewohner eine neue Siedlung, die durch den Tourismus zu
Wohlstand gekommen sind und nun dem Lärm der Bars
und Diskotheken im alten Dorf entfliehen möchten!

Westlich des Ortes erstreckt sich ein herrlicher Sandstrand, so groß, daß er niemals überfüllt zu sein scheint;
Tamarisken spenden Schatten. Außerdem ist dieser Strand
ein Eldorado für Surfer. Wenn es hier zu windig zum
Sonnenbaden sein sollte, kann man durchs Dorf zum anderen geschützten (Kiesel-) Strand auf der Ostseite gehen. Dies
ist einer der großen Vorzüge von Paleochóra.

Die von Maulbeerbäumen gesäumte Hauptstraße
Venizélou wird jeden Abend für den Verkehr geschlossen,
dann stellen Restaurants und Cafés Tische und Stühle nach
draußen, und es entsteht eine chaotische und quirlige
Promenade, auf der Touristen und Einheimische spazieren,
essen und sich von Tisch zu Tisch zuprosten. Am Ende der
Hauptstraße liegt auf einem kleinen Hügel die Ruine eines
venezianischen Kastells. Die Anlegestelle der Schiffe befindet sich auf der linken Seite der Hauptstraße, der neue
Hafen seewärts hinter dem Kastell.

Trotz der wachsenden Zahl von Touristen, die Paleo-
chóras Charme entdeckt haben, ist es immer noch ein ent-
spannender Ferienort und eignet sich hervorragend als Ausgangspunkt für Exkursionen: Täglich fährt ein Ausflugsboot
nach **Elafoníssi**, zweimal wöchentlich ein Schiff nach
Gávdos, es gibt viele interessante Wanderungen entlang der
Küste Richtung Osten oder in die Berge. Außerdem können
Sie von hier aus gut die Samariá-Schlucht erreichen und von
Agía Rouméli per Schiff zurückkehren.

Azogirés *

Ein netter Ausflug führt von Paleochóra in das Bergdorf **Azogirés**, 8 km Richtung Nordosten. Durch das von Pinien, Zypressen, Oliven- und Ahornbäumen umgebene, friedliche Dörfchen plätschert auch im Sommer ein Bach. Außerdem besitzt es ein winziges **Museum** (Öffnungszeiten: nur an Wochenenden 9–14 Uhr) mit interessanten Erinnerungsstücken an die türkische Besatzung. 2 km oberhalb des Dorfes gibt es eine Reihe von Höhlen, die im 11. Jh. von Mönchen bewohnt waren. In einer dieser Höhlen führen Stufen hinunter zu einem diesen frühen Missionaren gewidmeten kleinen Heiligtum.

Links: Elafoníssi, wo feiner Korallensand dem Strand einen rosafarbenen Schimmer verleiht.

DIE SAMARIÁ-SCHLUCHT ***

Die Wanderung durch die Schlucht gilt als »das Erlebnis auf Kreta«. Tatsächlich ist sie neben Knossós das beliebteste Ausflugsziel auf der Insel, über 400 000 Menschen begeben sich jeden Sommer auf die 16-Kilometer-Wanderung. Bei aller Grandiosität – erwarten Sie auf keinen Fall Einsamkeit und ungestörtes Naturerleben! Im Gegenteil, beim Abstieg durch die Schlucht tritt man sich oft gegenseitig auf die Füße.

Trotz der Massen, die es tagtäglich durch die Schlucht schaffen, sollten Sie die Wanderung nicht unterschätzen. Es ist ein anstrengender Fußmarsch über Stock und Stein von fünf bis sechs Stunden. Sie sollten also mit entsprechend guter Kondition und festen Wanderschuhen ausgerüstet sein. Herzanfälle, gebrochene Beine und selbst Todesfälle

---

DIE VERFALLENE FESTUNG

Auf der Landzunge von Paleochóra finden sich die Ruinen eines venezianischen Forts aus dem Jahr 1279. Das **Kastéll Selínou** oder Kástro Sélinos hielt sich an die 250 Jahre, bevor es Mitte des 16. Jh. durch den Piraten Barbarossa geplündert und nie wieder aufgebaut wurde.

Zum Schutz der einzigartigen Flora und Fauna wurde die **Samariá-Schlucht** im Jahr 1962 zum Nationalpark erklärt. Im Schatten der Felswände blühen Pflanzen wie kretische Eibe, Orchideen, Glockenblumen, Nelken und die vom Aussterben bedrohte Pfingstrose (Paeonia clusii) länger als gewöhnlich. An die 30 Vogelarten brüten in der Schlucht, darunter Adler, Geier und Falken. Hoch über den Klippen kann man bisweilen den seltenen Bart- oder Lämmergeier kreisen sehen. Im Frühjahr und Herbst machen viele Zugvögel wie Gartenrotschwanz und Orpheusgrasmücke hier Station. Bekanntester Schluchtbewohner (allerdings so gut wie gar nicht zu sehen) ist das krikri oder die kretische Wildziege. Man nimmt an, daß noch 300 Tiere hier leben.

Unten: *Der überwältigende Ausblick am Anfang der anstrengenden Wanderung durch die Samariá-Schlucht.*

hat es hier schon gegeben. Die Tour ist nur möglich zwischen Mai und Oktober, da in den Wintermonaten der Bach in der Schlucht zum Wildwasser anschwillt und einige Engstellen unpassierbar macht.

Viele Touristen planen die Wanderung als Tagesausflug, fahren mit dem Bus nach **Omalós**, durchwandern die Schlucht, lassen sich von Agía Rouméli am Ende der Schlucht mit dem Schiff nach **Chóra Sfákion** und von dort mit dem Bus nach Hause bringen. Man kann von Agía Rouméli per Schiff auch Paleochóra, Sougia und Loutró erreichen.

Obwohl Sie von überall auf der Insel den Bus nehmen können, müssen Sie früh aufbrechen und haben – wenn Sie z. B. in Ost-Kreta wohnen – am Ende des Tages auch noch die weite Rückfahrt vor sich. Von Chaniá und Umgebung aus ist es wesentlich angenehmer. Und wenn Sie in einem Badeort an der Südküste wohnen, sind Sie im Vorteil, da Sie die Wanderung vor der Mittagshitze beginnen können. Und später haben Sie nur noch die Schiffstour vor sich.

Die Schlucht beginnt am Südrand der **Omalós-Hochebene** im Herzen der Lefká Óri. Hier gibt es einen großen Bus- und Pkw-Parkplatz, Imbiß-Stände und ein Wärterhäuschen. Der **Abstieg** fängt bei **Xyloskaló** (früher eine Holztreppe) an, einem in den Fels gehauenen Pfad, der zwischen alten Zypressen in Serpentinen hinunterführt, zur Rechten ragt das gigantische Bergmassiv des Gíngilos empor. Innerhalb der ersten 2 km fällt der Weg an die 800 m ab. Gegen Ende des Steilstücks steht die kleine Kapelle **Ágios Nikólaos**, hier gibt es Bänke zum Rasten. Der Weg ist jetzt flacher und verläuft mal rechts, mal links entlang des klaren, kalten Wassers des Flüßchens. An dieser Stelle weitet sich die Schlucht, hier kann man seltene Pflanzen und Blumen finden. Auf halber Strecke, ungefähr 7 km nach dem Einstieg, kommen Sie zum

Oben: *Der zierliche Kretische Schneestolz (chionodoxa cretica) wächst auf den Berggipfeln um Samariá. Seltene Blumen wie diese gehören zu den Kleinodien der Schlucht.*

verlassenen Dorf **Samariá**. Als im Jahr 1962 das Naturschutzgebiet entstand, hat man die Bewohner des alten Dorfes umgesiedelt.

Kurz hinter dem Dorf steht rechts eine kleine weißgekalkte Kapelle, hier beginnt der dramatischste Teil der Wanderung. Die Wände der Schlucht verengen sich allmählich, und der Pfad springt von einer Seite des Flusses zur anderen, bis Sie die **Eisernen Pforten** oder **Sideropórtes** erreicht haben. Dies ist die engste Stelle der Schlucht, die gegenüberliegenden Felswände steigen 300 m senkrecht empor und umrahmen den blauen Himmel. Am Boden bleiben gerade ein paar Meter zwischen den beiden Seiten, hier füllt der Bach die Enge völlig aus, und Sie müssen auf Holzplanken die Eisernen Pforten überwinden. Dahinter öffnet sich die Schlucht in ein breiteres Tal mit den Ruinen

DER BEQUEMERE WEG

Viele **Samariá**-Veranstalter werben für eine bequemere Variante: Man nimmt das Schiff von Chóra Sfakión nach Agía Rouméli und wandert hinauf zu den Sideropórtes und wieder zurück. Diese Tour dauert 2 Stunden und ist eine vernünftige Alternative, wenn Sie sich die ganze Wanderung nicht zutrauen. Obwohl Sie einige reizvolle Abschnitte der Schlucht verpassen, sehen Sie zumindest die eindrucksvollen »Eisernen Pforten«.

Rechts: *Die dramatischen, bezeichnenderweise Sideropórtes (Eiserne Pforten) genannten Engstellen im unteren Teil der Samariá-Schlucht. Durch die schmale Lücke zwischen hochaufragenden senkrechten Felswänden fließt das Wasser Richtung Meer. Die Wanderer überwinden die letzte Pforte bisweilen auf hölzernen Planken.*

DIE IMBROS-SCHLUCHT

Wenn Sie gut zu Fuß sind und die Aussicht auf Menschenmassen in der Samariá-Schlucht Sie eher abschreckt, können Sie auch durch die Imbros-Schlucht wandern, die sich östlich von **Chóra Sfakión** zur Küste hin öffnet. Obwohl sie viel kleiner ist als die Samariá-Schlucht, hat sie mit dieser viel gemeinsam. Die Wanderung entlang des Flusses durch die Schlucht dauert 3 Stunden. Der Weg beginnt südlich des Ortes **Imbros** auf der **Askífou-Ebene**.

des Dorfes **Alt-Agía Rouméli** und dem Häuschen, an dem Sie Ihr Ticket abgeben müssen. Von hier aus bis zum Meer und dem **modernen Agía Rouméli** gehen Sie noch einmal 20 Minuten.

Viele Leute stürzen sich sofort ans Meer, ein Sprung in die Wellen kühlt schmerzende Muskeln und Füße. Es gibt aber auch viele Tavernen und Bars, wo Sie Hunger und Durst stillen können. Sogar eine Handvoll Hotels steht zur Verfügung – obwohl kaum jemand hierbleiben möchte, da der Ort jeglicher Atmosphäre entbehrt und die Bewohner einzig und allein an dem Verdienst der Nachmittagsstunden interessiert sind. Sollten Sie noch Energie haben, können Sie zur verfallenen Festung auf dem Bergrücken steigen, gleich oberhalb des Fußweges zur Schlucht. Vom Kai legen Fähren ab nach Soúgia und Paleochóra, bzw. Loutró und Chóra Sfakión.

DER SÜDEN
Loutró **

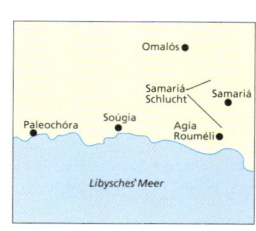

Noch gilt **Loutró** als Geheimtip – und tatsächlich ist der kleine, in eine Bucht inmitten der Felswände der Südküste geschmiegte Ort ein wahres Kleinod. Man kann ihn nur mit dem Schiff von Chóra Sfakión oder Agía Rouméli aus erreichen (oder über einen längeren Wanderweg entlang der Küste). Es gibt also keine Straßen, keine Autos – nur die Beschaulichkeit einer wunderschönen kleinen Bucht mit glitzerndem tiefblauen Wasser an einem Kiesstrand. Nichts stört den Frieden außer An- und Abfahrt der Fähren, die den Ort auf der Route entlang der Küste regelmäßig ansteuern.

Hier dürfen Sie keine langen Disco-Nächte erwarten. Nach einem Abend in einer der Tavernen am Strand wiegt Sie nur das Plätschern der Wellen in den Schlaf. Man hält den ganzen Ort sauber und ordentlich, fast alle Häuser sind frisch blau und weiß gestrichen.

Schwimmer und Schnorchler finden in der Nähe viele kleine Felshöhlen, die man zu Fuß oder mit dem Boot erreicht. In einer großen, halbkreisförmigen Sandbucht liegt unter steilen Klippen der **Sweetwater Beach**, hier entspringen einige sprudelnde Süßwasserquellen aus dem Sand; täglich verkehrt ein Boot von Loutró; Boote fahren auch zum **Mármara-Strand**.

Links: *Die Askífou-Ebene im Herzen der Weißen Berge. Die Hügelspitze wird von der Ruine einer türkischen Festung gekrönt, die strategisch günstig die ganze Ebene beherrschte.*

Rechts: In der historischen Festung Frangokástello sollen die armen Seelen einer Geisterarmee umgehen. Von dem venezianischen Bollwerk überdauerten nur die Umfassungsmauern.

Chóra Sfakión

Die »Hauptstadt« der Region Sfakiá, ein winziger Hafen zwischen Bergen und Meer, ist heutzutage fast nur noch ein Durchgangsort für müde Wanderer, die mit der Fähre aus Agía Rouméli kommen, um hier ihren Bus wieder zu besteigen. Der Ort bietet die üblichen Souvenirläden, Tavernen und Hotels, lädt aber kaum zum längeren Verweilen ein.

Eine Plakette am Ufer kennzeichnet die Stelle, von der aus Zehntausende alliierte Soldaten nach der Schlacht um Kreta evakuiert wurden. Früher gab es mehr als 100 Kirchen in Chóra Sfakión, die meisten wurden jedoch im Krieg zerstört.

Frangokástello **

Frangokástello wird von den **Ruinen** eines alten venezianischen **Kastells** beherrscht, es liegt in einer seichten Bucht mit kleinem Fischerhafen und schönem Sandstrand, der sich bis zum Leuchtturm am westlichen Ende erstreckt. Der Strand ist besonders beliebt bei Campern und Rucksacktouristen (obwohl hier Mücken zur Plage werden können), im Ort gibt es »rent rooms« und Tavernen. Direkt westlich der Bucht liegt ein weiterer einsamer Strand.

DIE GESPENSTERBURG

Im Jahr 1828 während des **Unabhängigkeitskrieges** verteidigte sich in der Burg Frangokástello ein Abenteurer namens Chatzimichális Daliánnis heroisch gegen die heranrückenden Türken. Einheimische hatten ihm zur Flucht in die Berge geraten. Er und seine 385 Männer wurden jedoch vom übermächtigen Türkenheer getötet. Sie liegen im Küstensand begraben, und angeblich erheben sie sich alljährlich am 17. Mai, dem Jahrestag der Schlacht, und ziehen als Geisterarmee langsam an der Festung vorbei. Da sie stets im Morgendunst erscheinen, nennt man sie »**Geister des Taus**«.

Aus der Ferne wirkt das rechteckige Kastell völlig intakt; von nahem erkennt man, daß nur noch die äußeren Mauern mit je einem Wachturm an den Ecken stehen: Der größte Turm an der Südwestkante diente als Wachhaus für das Haupttor (über dem Tor sieht man noch den venezianischen Löwen von San Marco). Die Festung stammt aus dem Jahr 1371 und war im Mai 1828 Schauplatz eines Gemetzels. Die Einheimischen behaupten, daß es seitdem hier spukt.

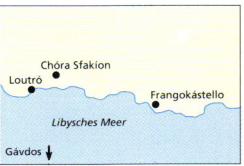

DIE INSEL GÁVDOS *

Die einsame Insel ist die größte Insel um Kreta und liegt am weitesten südlich. Hier wohnen nur 50 Menschen, und auf den ersten Blick besteht das Eiland scheinbar nur aus kahlem Fels. Im Innern bilden Kiefern und andere Pflanzen (darunter wilder Thymian, aus dem einheimische Bienen wohlschmeckenden Honig machen) einige grüne Fleckchen. Ziegen streifen duch das Gestrüpp, und im Frühling und Herbst ruhen sich die Zugvögel hier auf ihrer langen Reise über das Libysche Meer aus.

Da die Insel 50 km vom Festland trennen, ist **Gávdos** nicht gerade leicht zu erreichen. Im Sommer verkehren regelmäßig Schiffe von Paleochóra und Chóra Sfakión; im Winter gibt es nur gelegentlich ein Versorgungsschiff. Sie können auf der Insel zelten oder ein Zimmer mieten, allerdings ist Wasser knapp (manchmal auch Lebensmittel).

Hauptattraktion von Gávdos ist die Einsamkeit. Man kann stundenlang über das flache Gelände wandern, ohne einem Menschen zu begegnen. Die Schiffe ankern im winzigen Hafen von **Karaví**. Von hier aus geht man zu Fuß eine Stunde (oder fährt mit einem der gemächlichen Transport-Trecker) hinauf zur Inselhauptstadt **Kastrí**. Hier gibt es einen Laden (gleichzeitig Post und Telefonzelle) und eine Schule (mit einem Lehrer und einem Schüler!). Viele Besucher zieht es an den langen Sandstrand von Sarakiníko an der Nordostküste mit seinen einfachen Tavernen und Hippieunterkünften. Der andere Hauptstrand ist **Koúrfos** im Süden mit einer Taverne und ein paar Zimmern. In der Nähe von Kap Tripití liegt noch ein kleiner Strand, er soll der allersüdlichste Punkt in ganz Europa sein.

BEVÖLKERUNGSSCHWUND

Die seit dem Neolithikum bewohnte **Insel Gávdos** war den Römern bekannt (sie nannten sie Clauda), und bei einem Sturm verschlug es den Heiligen Paulus auf seiner Reise nach Rom erstmal hierher. Im Mittelalter konnten auf der damals fruchtbaren Insel 8000 Einwohner leben, die Schafe und Ziegen züchteten. Anfang des 20. Jh. war die Bevölkerung auf 1400 Menschen **geschrumpft**. Die natürlichen Ressourcen der Insel hatten sich mit der Zeit erschöpft, und die wenigen Familien, die jetzt hier wohnen, leben mehr schlecht als recht von dem **kargen Boden**.

West-Kreta auf einen Blick

Von **Athen** (West-Terminal) fliegt Olympic mehrmals täglich (Flugdauer 45 Min.). Obwohl die Flüge gewöhnlich ziemlich ausgebucht sind, können Sie oft noch Stand-by fliegen. Von europäischen Flughäfen aus gibt es **Charterflüge** direkt nach **Chaniá**. Der **Flughafen** befindet sich auf der **Akrotíri-Halbinsel**, 15 km vom Stadtzentrum entfernt: Olympic-Passagiere holt ein Bus ab, ansonsten stehen Taxis bereit.
Die **Fähre** benötigt von Piräus über Nacht ca. 12 Stunden und verkehrt tägl. Das Schiff legt im Hafen von **Souda** an, 10 km vor Chaniá, zur Stadt fahren Busse und Taxis.
Es gibt zahlreiche **Busverbindungen** von Chaniá nach Iráklion, Réthimnon und größere Orte und Dörfer in ganz West-Kreta. Der Busbahnhof ist auf der Odós Kidonías, in Zentrumsnähe.

Chaniá selbst ist so überschaubar, daß Sie alles zu Fuß erreichen. Für Ausflüge in die Umgebung bieten sich **Autovermietungen** an wie **Hertz, Avis** oder einheimische Agenturen wie **Speed Rent-a-Car**, Chálidon 105, Tel.: 08 21/4 47 68 und **Tellus Travel**, Smírnis 1, Tel.: 08 21/5 04 00. **Fahrräder** mietet man bei **Zeus**, Karaóli 38, Tel: 08 21/5 74 57.

Chaniá
Amphora, Parodos Theotokopoúlou 20, 73 100 Chaniá, Tel.: 08 21/9 32 24. Fax: 08 21/9 32 26. Am venezianischen Hafen (deshalb recht laut), hervorragend renoviertes Gebäude aus dem 14. Jh. mit gepflegten Zimmern. (Kat. A)
Creta Paradise Beach Resort, Geráni, 73100 Chaniá, Tel.: 08 21/6 13 15, Fax: 08 21/6 11 34. Am Strand von Geráni, 12 km westlich von Chaniá. Das Komfort-Hotel mit allen Annehmlichkeiten (Pool, Wassersport, Tennis) bietet sich als gute Ausgangslage, wenn Sie nicht in der Stadt wohnen möchten. (Kat. A)
Casa Delfino, Odós Theofánous 9, 73 100 Chaniá, Tel: 08 21/9 30 98, Fax: 08 21/9 65 00. Im Herzen der Altstadt, prächtige venezianische Villa aus dem 17. Jh. mit 12 luxuriösen Apartments. (Kat. B)
Doma, Venizélou 124, 73 100 Chaniá, Tel.: 08 21/5 17 72, Fax: 08 21/4 15 78. Ein weiteres stilvolles Hotel in elegant möblierter neo-klassizistischer Villa direkt am Wasser in Zentrumsnähe. (Kat. B)
Rodon, Odós Akrotirious 92, 73 100 Chaniá, Tel: 08 21/5 83 17, Fax: 08 21/5 68 21. Interessantes modernes Hotel im östlichen Teil der Stadt mit Blick über die Bucht. (Kat. B)
El Greco, Odós Theotokopoúlou 49, 73 100 Chaniá, Tel.: 08 21/9 04 32, Fax: 08 21/9 18 29. Ruhiges kleines Familienhotel mit Dachgarten in der Altstadt. (Kat. B)
Pension Eva, Odós Theofánous und Zambelíou 1, 73 100 Chaniá, Tel: 08 21/7 67 06. Saubere, moderne Zimmer mit Dusche/WC. Dachterrasse. (Kat. B)
Pension Nostos, Zambelíou 42-46, 73 100 Chaniá, Tel.: 08 21/9 47 40, Fax: 08 21/5 45 02. Eine weitere hübsche kleine Pension in den hinteren Straßen: 12 Studios (einige mit Meerblick) (Kat. B)
Georgioúpolis
Georgioúpolis Beach Hotel, 73 007 Georgioúpolis, Tel: 08 25/6 10 12, Fax: 08 25/6 10 34. Neue Anlage zwischen Stadt und Strand; Pool. (Kat. B)
Tarra Apartments, 73 007 Georgioúpolis, Tel: 08 25/6 13 24. Gutgeführte Apartmentanlage mit Kochnischen und geräumigen Balkonen. (Kat. C)
Paleochóra
Pal Beach Hotel, 73 001 Paleochóra, Tel: 08 23/4 15 12, Fax: 08 23/4 15 56. Hübsch gelegen, viele Balkonzimmer mit Blick auf den Strand. (Kat. B)
Hotel Elman, 73 001 Paleochóra, Tel: 08 23/4 14 14, Fax: 08 23/4 14 12. Moderner Hotelklotz, aber mit der Surf-Schule direkt vor der Tür. (Kat. B)
Toni Mari Apartments, 73 001 Paleochóra, Tel.: 08 23/4 17 87. Familienbetrieb, Studios und Apartments rings um einen blumengeschmückten Innenhof direkt hinter dem Strand. (Kat. C)
Kastello, 73 001 Paleochóra, Tel.: 08 23/4 11 43. Unterhalb der Festung an der Ostseite, sauberes freundliches Hotel mit

West-Kreta auf einen Blick

schönem Ausblick. (Kat. C)

Loutró
Porto Loutró, Chóra Sfakión, Tel.: 08 25/9 12 27. Ausgezeichnetes kleines Hotel mit einfachen, aber netten Zimmern. (Kat. B)
The Blue House, Chóra Sfakión, Tel: 08 25/9 11 27. Freundliche Pension in traditionellem Haus; alle Zimmer mit Balkon zur Bucht. (Kat. B)

Chaniá
Taman, Zambelíou 49. Sehr beliebtes Restaurant im stimmungsvollen Gewölbe eines alten türkischen Bades, vegetarische und ausgefallene griechische Küche. Junge, lebhafte Atmosphäre, kann aber heiß und stickig sein.
Kings, Kondiláki 15. Vegetarische und internationale Küche, gewaltige Mixed-Grills für den ganz hungrigen Gast. Spezialität sind auch Meeresfrüchte.
Akrogiali, Aktí Papaníkon 19 (Strandpromenade in Néa Chóra). Bei Einheimischen als Fischrestaurant mit gutem Preis-Leistungs-Verhältnis beliebt.
Dino´s, Innerer Hafen. Immer wieder gelobt für preiswerte Meeresfrüchte.
Marco Polo, Aktí Tombázi, Fisch ist gut, aber teuer.
Ovras, Skoufon 24, Tel.: 08 25/8 71 70. Breitet sich in eine enge Gasse aus, zwischen den Tischen gehen Musiker umher. Griechische Spezialitäten.
Ekstra, Zambelíou 8, Tel: 08 25/7 57 25. Freundliches,

kleines Restaurant hinter dem alten Hafen, preiswert.
To Diporto, Skrídlof 40. Typische Taverne mit umfangreichem Angebot, einfach, aber immer voll.
Ideon Andron, Odós Chálidon. Elegante Café/Bar in schattigem Garten mit klassischer Musik und Jazz.

Georgioúpolis
To Arkadi, in dieser attraktiven Taverne an der Flußmündung ist das Essen immer gleich gut. Café Georgioúpolis Pub. Eins der beliebtesten, aber auch belebtesten Cafés auf dem Hauptplatz.

Paleochóra
Coralli, ausgezeichnetes kleines Restaurant auf der Hafenpromenade an der Ostseite; griechische Küche.
Nike, riesige Pizza aus dem Holzofen. Auf der Hafenpromenade.
Jetée, wunderschöner Platz für einen Sonnenuntergangs-Cocktail am Abend. Am Sandstrand in der Nähe der Elman-Anlage.
Fortezza, lebhafte Musik-Bar unter den Mauern des alten Forts.
Dionisos, eine der besten traditionellen Tavernen, in der Sie noch Ihre Mahlzeit in der Küche auswählen. Gutes Preis-Leistungs-Verhältnis.

Loutró
The Blue House, Tel.: 08 25/9 11 27. Direkt am Wasser, hervorragende Meeresfrüchte, vegetarische und griechische Küche.

Alle Standard-Ausflüge (**Knossós**, **Samariá-Schlucht** etc.) können Sie bei den Reiseagenturen in Chaniá buchen.
Creta Wave, Tel.: 08 21/8 15 49 bietet täglich Fahrten entlang der Küste zur **Bucht von Almirída** und weiter zum Mittagessen nach **Maráthi**. Felsklettern, Trekking, Mountain-bike-Touren und sogar Skifahren organisiert
Trekking Plan (Bergsteigerbüro), Karaoli Dimitriou 15, Tel.: 08 25/4 49 46.

Touristenbüro, 4. Etage, Odós Kriari 40, Chaniá, Tel.: 08 21/ 9 29 43. Öffnungszeiten: Mo bis Fr 8-19 Uhr, Sa 9-14 Uhr
Polizei, Tel.: 08 21/5 11 11.
Olympic Airways, Tzanakaki 88, Chaniá, Tel: 08 21/5 77 01.
ADAC in Athen, Tel.: 01/7 77 56 44, 6 48 01 11.
Notfälle, landesweite Notrufnummer: 1 00

PALEOCHÓRA	J	F	M	A	M	J	J	A	S	O	N	D
Ø Temperatur °C	15	15	17	20	24	29	31	31	29	25	20	17
Sonnenstunden tägl.	5	5	6	8	10	12	13	12	9	6	5	5
Niederschlag in mm	88	48	39	15	2	3	0	0	1	12	43	47
Regentage	9	8	6	3	1	0	0	0	1	3	6	9

Reisetips

Touristen-Information

Die **Griechische Zentrale für den Fremdenverkehr, EOT** (Ellenikós Organismós Tourismó) unterhält Büros in den meisten europäischen Hauptstädten. Die EOT-Zentrale auf Kreta befindet sich in **Iráklion**, Odós Xanthoulídon 1, Tel: 0 81/22 82 25. Weitere Büros auf der Insel: **Chaniá**, Odós Kriari 40, Tel.: 0 82/9 29 43; **Réthimnon**, Eleftheríou Venizélou, Tel.: 08 31/2 91 48. Einige Gemeinden, z. B. Ágios Nikólaos, betreiben eigene **Touristenbüros in Deutschland.**

Einreisebestimmungen

Für einen Aufenthalt bis zu drei Monaten benötigen Besucher aus den EU-Ländern kein Visum, der gültige Personalausweis reicht aus. Kinder benötigen einen Kinderausweis. Wenn Sie länger als drei Monate bleiben wollen, müssen Sie sich entweder ein Visum besorgen oder Griechenland verlassen und wieder einreisen. Besuchern ohne Rückreise-Ticket oder ohne genügend Geld oder Schecks für den Aufenthalt kann es jedoch passieren, daß die Einreise verwehrt wird.

Zollvorschriften

Für Reisende aus EU-Staaten gelten keine Zollvorschriften. Der Import von Topfpflanzen ist verboten.
Zur Beachtung: In Griechenland ist Codein nicht zugelassen, führen Sie also keine codeinhaltigen Medikamente ein.

Impfungen

Impfungen sind normalerweise nicht erforderlich, es sei denn, Sie haben sich innerhalb der letzten 6 Tage in einem Gelbfieber-Gebiet (z.B. Afrika, Südamerika) aufgehalten. In diesem Fall müssen Sie eine Impfbescheinigung vorlegen.

Anreise nach Kreta

Mit dem **Flugzeug:** Hauptankunftsort ist der Flughafen von Iráklion. Es gibt einige Charter- und Linienflüge nach Chaniá.
Privatmaschinen und Rundflüge bucht man bei **Skytrans**, Flughafen Iráklion, 71 408 Iráklion, Tel.: 0 81/22 17 57, Fax: 0 81/23 35 00.
Mit dem **Schiff:** Fährverbindungen mit Kreta unterhalten **Piräus** (Athen) und einige griechische Inseln (siehe Iráklion, Chaniá und Ágios Nikólaos »Auf einen Blick«).

Verkehrsmittel

Mit dem **Auto**: Obwohl Kreta über ein hinreichend dichtes öffentliches Verkehrssystem verfügt, bietet das Fahren mit dem **Mietwagen** enorme Vorteile. Sie sind nicht an feste Zeiten gebunden und können die Insel auf eigene Faust erkunden. Nach (weitgehender) Fertigstellung der New Road (neuen Straße) entlang der Nordküste reist man relativ bequem und schnell von Iráklion zu anderen Orten westlich oder östlich der Hauptstadt. Die größten Straßen zu anderen Städten, Dörfern oder Badeorten, aber auch zu Sehenswürdigkeiten sind gewöhnlich asphaltiert. Das übrige **Straßennetz** läßt im Vergleich dazu sehr zu wünschen übrig, und oft finden Sie sich auf der Suche nach einer abgelegenen Taverne oder einem einsamen Strand auf einer mit Schlaglöchern übersäten Piste wieder. Allerdings scheint überall auf der Insel der Straßenbau rasch voranzuschreiten. Im Landesinnern sind Sie auf Bergstraßen angewiesen, auf vielen müssen Sie besonders vorsichtig fahren. Steigungen sind oft steil mit unbefestigtem Bankett. Erdrutsche und starke Regenfälle können ganze Teile der Asphaltdecke plötzlich verschwinden lassen. In Kreta wird gern und viel gehupt – besonders beim Überholen oder vor unübersichtlichen Kurven. Auf dem Land (aber auch auf der New Road!) müssen Sie immer auf ein plötzliches Hindernis gefaßt sein, z.B. einen einbiegenden Traktor oder plötzlich auf die Straße ausbrechende Schafe. Auch die Dorfbewohner gehen gewöhnlich über die Straße, ohne nach rechts oder links zu schauen.

Führerschein: Für einen Mietwagen benötigen Sie einen gültigen Führerschein. Im Vertrag wird oft ein Mindestalter gefordert (zwischen 21 und 25).

Verkehrsregeln: Man fährt rechts. Das Tempolimit auf der Nationalstraße (New Road) ist: 100 km für's Auto, 70 km für andere Fahrzeuge; auf Landstraßen: 70 km und in der Stadt 50 km.

Man muß Sicherheitsgurte anlegen (auch wenn es kein Kreter tut), und Motorrad- und Motorrollerfahrer und Beifahrer müssen einen Helm tragen. Die Polizei kann an Ort und Stelle einen Bußgeldbescheid ausstellen für zu schnelles Fahren, Falschparken oder Verletzung der Gurtpflicht.

Die Straßenschilder entsprechen europäischen Maßstäben. Ortsnamen sind normalerweise in griechischen und in lateinischen Buchstaben angegeben.

Autovermietung: Wenn Sie den Wagen für die ganzen

Ferien brauchen, können Sie ihn gewöhnlich direkt am Flughafen übernehmen. Kontrollieren Sie vor der Übergabe immer zuerst das Fahrzeug, und lesen Sie gründlich die Versicherungsbedingen. Nur so können Sie sicher sein, daß Sie bei einem Unfall auch voll abgedeckt sind. Hat Ihr Wagen eine Panne, setzen Sie sich mit dem Autovermieter in Verbindung, dieser wird alles Nötige veranlassen. Fahrerflucht nach einem Unfall ist strafbar. Bei einem Unfall mit Personenschaden kann die Polizei Sie bis zu 24 Stunden festhalten. Wegen eines Rechtsbeistandes wenden Sie sich an Ihr Konsulat.

Busreisen: Das Busnetz fährt die meisten Orte auf der Insel an, der Bus gehört auf Kreta zu den billigsten und angenehmsten Verkehrsmitteln. Die Hauptverbindungslinien sind in der Regel modern, sicher und pünktlich. Auch zwischen den vier Bezirkshauptstädten und abgelegenen Orten in jedem Distrikt gibt es gute Verbindungen. Die Dorfanbindungen sind so, daß die Busse morgens zum Markt in die Stadt und am Nachmittag zurückfahren. Für Tagesausflüge in abgelegene Ortschaften ist dies eher ungünstig.

Informationen und Fahrpläne erhalten Sie bei Touristenbüros oder beim Hauptbüro der Busgesellschaft KTEL am Hafen von Iráklion, Tel.: 0 81/24 50 20, Fax: 0 81/24 62 84 (Es gibt eine englischsprachige Broschüre »*Use the Public Bus-Service*«). Es ist wichtig zu wissen, daß dies die einzige Information mit Fahrplänen ist. Regionale

Fahrpläne (oft auch in englischer Sprache) normalerweise bei örtlichen Touristeninformationen. Gepäcktransport ist kein Problem.

Mit dem **Taxi:** Taxis sind recht preiswert, man kann am Taxistand einsteigen oder sich ein Taxi auf der Straße heranwinken. Wenn Sie kein Auto mieten wollen, bietet ein mit mehreren Leuten geteiltes Taxi eine gute Alternative für Besichtigungstouren (vereinbaren Sie vor Fahrtbeginn immer den Preis). Im Flughafen von Iráklion hängen die Preise für längere Strecken (z.B. zu Badeorten an der Südküste) aus.

Reisegepäck

In den Sommermonaten brauchen Sie nur **leichte Kleidung** (bevorzugt aus Naturfasern). Sehr selten benötigen Sie offizielle Garderobe, auch nicht in den teuren Restaurants und Hotels (obwohl in den gehobeneren Hotels Shorts beim Abendessen nicht gern gesehen werden). Bequeme, robuste Schuhe brauchen Sie für das Herumlaufen auf den Ausgrabungsstätten und feste **Wanderschuhe**, wenn Sie in die Berge wollen. Im Frühjahr und Herbst sollten Sie einen Regenschutz und ein oder zwei Pullover einpacken. (s. auch Verhaltensregeln)

Geld und Währung

Die griechische Währung ist die Drachme, Mehrzahl **Drachmen**, drachmés (Drs.). Es gibt Banknoten zu 100, 500, 1000 und 5000 Drs. und Münzen zu 1, 2, 5, 10, 20 und 50 Drs. Sie dürfen bis zu 100 000 Drs. Bargeld ein-

GRIECHISCHE ZENTRALE FÜR FREMDENVERKEHR

In Deutschland:
60311 **Frankfurt,**
Neue Mainzer Str. 22,
Tel.: 0 69/ 23 65 61-3,
Fax: 23 65 76
80333 **München,** Pacellistr. 5,
Tel.: 0 89/22 20 35-6,
Fax: 29 70 58
20149 **Hamburg,**
Abteistraße 33, Tel.: 0 40/
45 44 98, Fax: 44 96 48

10789 **Berlin,**
Wittenbergplatz 3a, Tel.: 0 30/
2 17 62 62-63, Fax: 2 17 79 65
In Österreich:
A-1015 **Wien,** Opernring 8,
Tel.: 02 22/5 12 53 17-18,
Fax: 5 13 91 89
In der Schweiz:
CH-8001 **Zürich,** Löwenstr. 25,
Tel.: 01/2 21 01 05,
Fax: 2 12 05 16

und 20 000 Drs. ausführen. Es gibt keine Begrenzung für Traveller-Schecks und Fremdwährungen, größere Summen sollten Sie bei der Einreise deklarieren, falls Sie sie wieder ausführen möchten.
Geldumtausch: Banken und Postämter (nur in Großstädten) bieten bessere Wechselkurse als Hotels, oft müssen Sie in der Bank jedoch Schlange stehen. Stecken Sie immer Personalausweis oder Paß ein, Sie brauchen Ihn zum Einlösen von Euro- und Reiseschecks und zum Geldumtausch. Euro- und Reiseschecks können Sie auch bei Reiseagenturen und Touristenbüros einlösen, in manchen Badeorten gibt es zudem Wechselstuben. Zur Beachtung: **Geldautomaten** gibt es auf Kreta bis jetzt **nur in großen Städten** wie Chaniá und Iráklion, und auch dort nur bei wenigen großen Banken! Auch mit einem Postsparbuch können Sie auf Kreta wenig anfangen, es gibt zwar in den meisten Orten ein »Postamt«, aber kein Geld!
Kreditkarten: Die meisten Hotels, Restaurants, Tankstellen und größeren Geschäfte akzeptieren die üblichen Kreditkarten,

in normalen Tavernen oder kleinen Dörfern können Sie damit nichts anfangen. Bargeld erhalten Sie auf die Kreditkarte in größeren Zweigstellen der Banken; Besitzer von VISA und American-Express-Karten können Geld am Automaten der Credit Bank in Réthimnon, Chaniá, Chersónissos und Iráklion ziehen. Diese Automaten wechseln auch ausländische Banknoten.
Trinkgeld: Trinkgeld wird auf Kreta erwartet, auch wenn es nur ein sehr kleiner Betrag ist. Die Hotel- oder Restaurantrechnung enthält bereits 10 bis 15 % Aufschlag, darüber hinaus sollten Sie dem Kellner ein kleines Trinkgeld geben, wenn Sie zufrieden sind. Auch Hotelportiers, Zimmermädchen und Taxifahrer erwarten im allgemeinen ein Trinkgeld.

Übernachten

Auf Kreta finden Sie ein breitgefächertes Angebot an Unterkünften, angefangen bei einfachen, weißgetünchten Zimmern in Dorfhäusern bis hin zu luxuriösen Bungalows in Strandhotelanlagen.
Alle **Hotels** sind in sechs **Kategorien** eingeteilt. Eine Liste

der meisten Hotels auf der Insel erhalten Sie von der **EOT.** Die Klassifizierung reicht von Luxus (»L«) über A bis E. Die Preise jeder Kategorie sind staatlich festgelegt und müssen innen auf der Zimmertür angeschlagen sein.
In der Hochsaison sind viele Luxushotels und Hotels der oberen Kategorien von ausländischen Reiseunternehmen ausgebucht, aber mit etwas Hartnäckigkeit läßt sich meist irgendwo noch ein Zimmer finden. Außerhalb der Monate Juli und August ist das Angebot größer, außerdem gibt es viele nette, saubere Zimmer der Preisklasse B oder C – in diesen Hotels vermietet man auch eher ein Zimmer für eine Nacht als in den Vertragshotels. Hotels der Kategorie D und E sind tatsächlich recht einfach, allerdings gleicht oft der günstige Preis den Mangel an Komfort aus. Ferienhäuser sind eine reizvolle Alternative, und es gibt viele ausgezeichnete Häuser zu mieten. Leider können Sie die meisten nur bei speziellen Reiseveranstaltern buchen. Reisende ohne feste Buchung und Rucksacktouristen bevorzugen **Privatzimmer,** die ebenso staatlicher Kontrolle unterliegen und von A bis C klassifiziert sind. Früher boten diese Zimmer in Privathäusern wirklich Familienanschluß und eine gute Möglichkeit, die Kreter und ihre legendäre Gastfreundschaft kennenzulernen. Heutzutage befinden sich viele Privatzimmer in häßlichen Zweckbauten. Abseits der größeren Touristenorte kann man aber immer noch einfache, freundliche Zimmer auftreiben,

EMPFEHLENSWERTE LITERATUR

Gallas, Klaus:
*Kreta, Kunst aus 5
Jahrtausenden*,
Dumont Verlag

Gert Hirner/Jakob
Murböck: *Wanderun-
gen auf Kreta*,
Bruckmann Verlag

Kästner, Erhard:
Kreta, Insel Verlag

Kazantzákis, Níkos:
*Freiheit oder Tod,
Kreta unter dem
Türkenjoch*,
Rowohlt Verlag

Kazantzákis, Níkos:
*Alexis Sorbas,
Abenteuer auf Kreta*,
Rowohlt Verlag

McNeill Doren, David:
Wind auf Kreta,
Efstathiadis Verlag

Miller, Henry: *Der
Koloß von Maroussi*,
Rowohlt Verlag

Davaras, Cortis:
*Guide to Cretan
Antiquities*,
Noyes Press

die ausgesprochen preiswert sind. Achten Sie auf Schilder: »Rent Rooms« oder »Zimmer frei«.

Öffnungszeiten

Die Kreter beginnen den Tag früh zwischen 7 und 8 Uhr. Auf einen langen Arbeitsvormittag folgt das Mittagessen und dann die obligatorische Siesta, in der Regel von 14–16 Uhr. Am Spätnachmittag öffnen Geschäfte und Büros wieder und bleiben im allgemeinen ziemlich lange auf, oft bis 21 Uhr.

Die **Geschäfte** öffnen von ca. 8 bis 14 Uhr und bleiben Mo, Mi und Sa dann auch geschlossen. An den anderen Nachmittagen sind sie von 17.30–20 Uhr geöffnet, obwohl es viele lokale Varianten gibt. Sonntags bleibt meistens alles geschlossen. Souvenirläden und für Tourismus wichtige Einrichtungen haben vielfach jeden Tag von morgens bis abends geöffnet.

Banken: Öffnungszeiten Mo bis Do 8–14 Uhr, Fr 8–15.30 Uhr; in Touristenorten öffnen manche Zweigstellen auch am Abend und Samstagmorgen für Geldumtausch.

Post: In den meisten Orten Öffnungszeiten 8–14 Uhr, in den großen Städten von 8–19 Uhr (manchmal auch bis 20 Uhr).

Ortszeit

In Griechenland geht die Uhr gegenüber mitteleuropäischer Zeit ganzjährig 1 Stunde vor. Bei der Einreise stellt man die Uhr eine Stunde vor und bei der Ausreise eine Stunde zurück. Der Wechsel von Sommer- und Winterzeit erfolgt gleichzeitig mit dem übrigen Europa.

Telefon, Fax, Post

Post: Die Postämter bieten sowohl den normalen Service als auch zusätzliche Dienstleistungen wie Geldwechsel an. Telefonieren muß man woanders. Neben den regulären Postämtern (erkennbar am gelben Schild Tachidromío) gibt es in den Sommermonaten in Ferienorten mobile Postbüros mit langen Öffnungszeiten. Briefmarken können Sie auch am Kiosk kaufen. Fast überall hin kann man sich Sendungen (auch Geld) postlagernd (poste restante) schicken lassen.

Telefon: Die meisten Städte besitzen ein Büro der OTE (Griechische Telekomgesellschaft), hier können Sie von einer Telefonzelle aus telefonieren und dann das Gespräch bezahlen. Auslandsgespräche und lokale Telefonate können Sie aber auch am Kiosk erledigen, in kleinen Orten im Kafeníon.

Elektrizität

220 Volt Wechselstrom (50 Hz) – fällt schon mal aus!

Maße und Gewichte

In Griechenland gilt das Dezimalsystem. Flüssigkeiten werden oft nach Gewicht (kilo) und nicht nach Litern verkauft.

Gesundheitsvorsorge

Wasser aus der Leitung kann man auf Kreta getrost trinken, in den Sommermonaten sollten Sie besonders viel Flüssigkeit zu sich nehmen, um den Verlust auszugleichen. **Hitzschlag** bekommt man besonders dann, wenn man sich bei Ferienbeginn zu lange der Sonne aussetzt. Einen Sonnenbrand holen Sie sich auch an etwas verhangenen Tagen. Sie sollten Ihre Haut allmählich an die Sonne gewöhnen und während der heißesten Tageszeit einen Hut oder eine andere Kopfbedeckung tragen. **Mücken** bekämpft man wirksam mit Räuchermitteln oder elektronischen Mückenkillern.

DAS GRIECHISCHE ALPHABET

Obwohl das griechische Alphabet auf den ersten Blick eher abschreckend wirkt, hat man es sich in etwa einer Stunde angeeignet. Wenn Sie wissen, was die einzelnen Buchstaben bedeuten, können Sie Straßenschilder und andere Hinweise lesen sowie die Zielangabe auf einheimischen Bussen. Hier die Groß- und Kleinschreibung sowie die griechische Aussprache:

A	α	alpha
B	β	wita
Γ	γ	gámma
Δ	δ	délta
E	ε	épsilon
Z	ζ	zíta
H	η	íta
Θ	θ	thíta
I	ι	jóta
K	κ	káppa
Λ	λ	lámda
M	μ	mi
N	ν	ni
Ξ	ξ	ksi
O	ο	ómíkron
Π	π	pi
P	ρ	ro
Σ	σ	sigma
T	τ	taf
Y	υ	ipsilon
Φ	φ	fi
X	χ	chi
Ψ	ψ	psi
Ω	ω	oméga

(beides in den meisten Orten erhältlich). **Seeigel** finden sich an felsigen Küsten; wenn Sie das Pech haben, auf einen zu treten, entfernen Sie die Stacheln mit einer Pinzette und beträufeln die betroffenen Stellen mit Zitronensaft, Olivenöl oder Salmiak (auch gegen Quallenbisse).

Touristen aus EU-Ländern erhalten freie ärztliche Betreuung gegen Vorlage eines Auslandskrankenscheins, allerdings deckt dieser nur die grundlegende Behandlung ab. Auch Unfälle oder Notfälle werden umsonst behandelt. Eine Kranken- bzw. Unfallversicherung ist immer sinnvoll, besonders wenn Sie die Kosten für den Flugtransport nach Hause einschließt.

In den meisten Touristenorten und größeren Städten gibt es deutsch- oder englischsprachige Ärzte (setzten Sie sich mit der Touristenpolizei in Verbindung, wenn man Ihnen im Hotel nicht helfen kann). Für kleinere Unpäßlichkeiten stehen Apotheken zur Verfügung (*farmakío*, erkennbar am Schild mit rotem oder blauem Kreuz auf weißem Hintergrund). Diese bieten eine große Auswahl an Medikamenten. Wenn Sie ein bestimmtes Medikament regelmäßig einnehmen müssen, bringen Sie genügend Vorräte mit.

Sicherheit

Auf Kreta können Sie sich ziemlich sicher fühlen, obwohl Frauen in Ferienorten oft verbal belästigt werden. Hier gelten ausländische Frauen als besonders »liberal«. In den Sommermonaten wetteifern kretische Jugendliche um den größten Erfolg als *kamaki* (»Harpunenfischer«). Wenn Sie in Ruhe gelassen werden wollen, hier einige nützliche Wörter: *stamáta* (Schluß jetzt), *fígete* (Hauen Sie ab) und *afísteme* (lassen Sie mich in Ruhe).

Verhaltensregeln

Selbst in den Touristenhochburgen verhalten sich die Kreter Fremden gegenüber oft freundlich und aufgeschlossen. Die Gastfreundschaft, die man manchmal in den Dörfern erfährt, kann überwältigend sein. Auf dem Land sollten sich Frauen nicht zu offenherzig kleiden, bei dem Besuch von Kirchen und Klöstern sollten Schultern und Beine bedeckt sein. In Touristenorten badet man mittlerweile »oben ohne«, außerhalb dieser Enklaven sollte man es lassen.

Sprache

Hier einige nützliche Worte:

Ja	né
Nein	óchi
Guten Morgen	kaliméra
Guten Abend	kalispéra
Gute Nacht	kaliníchta
Bitte	parakaló
Entschuldigung	signómi
Danke	efcharistó
Was kostet das?	póso káni?
Wo ist...	pu íne?
Heute	símera
Morgen	ávrio
Gestern	chtés
Ich heiße	me léne
1	énas, mía, éna
2	dío
3	trís, trís, tría
4	téseris, téseris, tésera
5	pénde
6	éxi
7	eftá
8	októ
9	enéa
10	déka
20	íkosi
30	triánda
40	saránda
50	penínda
100	ekató
1000	chílii, chílies, chília
2000	dío chiliádes

REGISTER